Hans Meiser – Erlebnisse, Erfahrungen, Entscheidungen

Hans Meiser

Erlebnisse, Erfahrungen, Entscheidungen

Richtiger Umgang mit Krediten

Ein Wegweiser durchs Schuldenlabyrinth

Die Deutsche Bibliothek – CIP-Einheitsaufnahme

Hans Meiser : Erlebnisse, Erfahrungen, Entscheidungen / [RTL]. – Köln : vgs.
NE: Meiser, Hans; RTL Télèvision <Metz>
Vom richtigen Umgang mit Krediten : Ein Wegweiser durchs Schuldenlabyrinth / [Red.: Michaela Spaar]. – 1995
ISBN: 3-8025-1296-0
NE: Spaar, Michaela [Red.]

Alle Rechte, insbesondere das Recht der Vervielfältigung und Verbreitung vorbehalten. Kein Teil des Werkes darf in irgendeiner Form (durch Fotokopie, Mikrofilm oder ein anderes Verfahren) ohne schriftliche Genehmigung des Verlages reproduziert oder unter Verwendung elektronischer Systeme verarbeitet oder verbreitet werden.

© vgs verlagsgesellschaft Köln 1995
Konzeption und Realisation:
Christine Proske
(Ariadne Buchproduktion)
Redaktion: Michaela Spaar
Fotos: Frank W. Hempel, Brühl
Autoren der Essays: Ulf Groth, Peter Zwegat
Umschlaggestaltung: KOMBO KommunikationsDesign, Köln
Herstellung und Produktion: Wolfgang Arntz; H + G Lidl, München
Satz: Satz & Repro Grieb, München
Druck und Verarbeitung: Universitätsdruckerei H. Stürtz AG, Würzburg
Copyright der Logos: crea**tv** Fernsehproduktions GmbH;
RTL Television Merchandising/Licensing
Printed in Germany
ISBN: 3-8025-1296-0

Inhalt

Hans Meiser: Der Umgang mit Geld und Krediten aus meiner Sicht   7

Geschichten der Talk-Gäste

    Manuel: Ich habe weit über meine Verhältnisse gelebt   11

    Peter: Zukunftsperspektiven habe ich im Moment keine   14

    Martin C. G.: Als wir nichts mehr hatten, kam keiner mehr   17

    Rosemarie H.: Mein Ex-Mann hat mich total reingelegt   22

Deutschland bankrott?

    Die heutige Kreditgesellschaft   25

    Reichtum verpflichtet zur Kreditvergabe   40

    Kreditaufnahme - wann und wofür?   42

    Kredit 2000 – ein Ausblick   49

Zuschauer schreiben an Hans Meiser

    Die Bank war vernünftigen Argumenten nicht mehr zugänglich   52

    Die Bank machte falsche Angaben   53

    Wir möchten die fast kriminellen Machenschaften von Banken publik machen   54

    Unsere jüngste Tochter war angeblich nicht in die Finanzierung eingeplant   55

    Ich bezahlte alles, wer weiß, was sich die Bank noch hätte einfallen lassen   59

    Ich kann noch nicht einmal Spielsachen kaufen   61

Ich zahle Raten für meinen reichen Ex-Schwiegersohn	64
Bis alles geklärt ist, sehe ich die Radieschen längst von unten	65
Der Antrag auf die ERP-Mittel war spurlos verschwunden	67
Ich war bei einer Schuldenberatung, aber keiner hilft	69
Als die Mahnungen ins Haus flatterten, machte ich meinen ersten Suizidversuch	70
Was sich teilweise innerhalb der Banken abspielt, kann sich keiner vorstellen	71
In der ehemaligen DDR wollte niemand an unseren Schulden verdienen	73
Wege aus der Überschuldung: Ein Ratgeber	**76**
Schuldnerberatungsstellen	78
Haushaltsplan	81
Gläubigerrangfolge	84
Gläubigerarten und Umgang mit Gläubigern	88
Schuldenregulierung	92
Mahnverfahren	96
Bürgschaft	109
Die neue Insolvenzordnung	111
Adressenverzeichnis	112
Literaturliste	112
Verzeichnis der Grafiken und Tabellen	112
Register	113

Hans Meiser: Der Umgang mit Geld und Krediten aus meiner Sicht

1.

Hans Meiser: Ein Mann der ersten Stunde beim deutschen Privatfernsehen.

Als ich mein erstes eigenes Geld bekam, war ich sechs Jahre alt. Von der Großmutter zugesteckt, trug ich es erst tagelang in der Hosentasche mit mir herum und fühlte mich damit wie ein »reicher Mann«. Doch die große Frage lautete nun: Was sollte ich mir davon kaufen? Für ein neues Fahrrad war es zu wenig. Für Schokolade zuviel. Sparen – das war schon damals nicht mein Ding. Also beschloß ich, »einen auszugeben« und Schokolade für alle zu kaufen. Es wurde ein Schlemmerfest. Ich fand's gut, die anderen auch. Aber dann war's weg – das ganze liebe Geld. Und ich hatte zwar ein paar Freunde gewonnen, war aber kein »reicher Mann« mehr.

Später verdiente ich mir ein wenig Taschengeld dazu. Für fünf Zentner Brikettschleppen gab's fünf D-Mark. Von dem Verdienten kaufte ich mir die erste Single. Aber eigentlich wollte ich immer mehr ausgeben, als ich besaß. 20 D-Mark Taschengeld und die »Kohle« vom Brikettschleppen – es reichte eigentlich trotzdem nie.

Mir dem Erwachsenwerden tauchten auch neue Träume auf. Ein eigenes Auto – der Inbegriff des Luxus – mußte her. Ich weiß es noch wie heute. Ich bildete mir einen wunderschönen grünen Volvo ein. Nur der kostete … D-Mark. Eine Unsumme, die ich natürlich nicht besaß. Also ging ich zur Bank und erhielt wider Erwarten tatsächlich einen Kredit über den gewünschten Betrag. Danach stand zwar bald der tolle Wagen vor meiner Tür, aber ich konnte nächtelang nicht mehr schlafen. Die Vorstellung, mit dem Auto gegen einen Baum zu fahren, den Schaden zu haben und trotzdem für den Volvo zahlen zu müssen, den es dann gar nicht mehr gegeben

Vita Hans Meiser

• Hans Meiser wird am 20. August 1946 in Bad Rothenfelde geboren
• Studium: Geschichte, Germanistik, Kunstgeschichte
• »Gründungsmitglied« der Radiosendung »Pop-Shop« beim Südwestfunk
• Nachrichtenredakteur bei RTL-Radio
• 1984: ein Mann der ersten Stunde beim deutschen Privatfernsehen in Luxemburg
• Aufbau der Nachrichtenredaktion bei RTL plus
• Anchorman der RTL-Hauptnachrichten
• Seit Anfang '92: »Notruf«
• August '92: Gründung von »crea tv«
• Seit 14. September '92: »Hans Meiser«
• 1993: Hans Meiser präsentiert David Copperfield bei RTL
Seit '94: »Gefragt«

Die Talkrunde: Hans Meiser und seine Gäste (v. links n. rechts: Manuel, Peter, Martin und Rosemarie).

hätte – grauenvoll. Was Kredite anging, war ich danach eigentlich erst mal kuriert. Eigentlich – denn ich war, jedenfalls in jungen Jahren, immer schnell pleite. Zur Bank gehen und um mehr zu bitten, als ich je hätte zurückzahlen können, davor hatte man mich stets gewarnt. So war es für mich gut und heilsam, in Stuttgart unter sparsamen Schwaben aufgewachsen zu sein. Schaffe, schaffe, Häusle baue eben. Na, und irgendwann wollten Meisers auch genau das tun und brauchten natürlich doch einen Kredit

Expertenrat: Hans Meiser und Schuldenberater Peter Zwegat (mittlere Reihe, 2. v. rechts).

dazu. Es begann die übliche Prozedur: Die Suche nach der richtigen Bank, lange Beratungen mit meiner Frau – der Finanzministerin der Familie –, unendliche Kostenaufstellungen. Was es heißt, sich zu überschulden, und vor allem, was es für die einzelnen Menschen bedeutet, einen unüberwindlichen Schuldenberg vor sich her zu schieben, ohne Aussicht, diesen in absehbarer Zeit zu überwinden, habe ich in einigen unserer Sendungen erfahren. Durch unsere Talkgäste weiß ich aber auch, daß Sparsamkeit

Kontakt zum Publikum: Hans Meiser zwischen den Zuschauern seiner Sendung.

alleine nichts nützt. Man muß sich auch vor gewissenlosen Betrügern in acht nehmen, gerade wenn man in Gelddingen nicht so bewandert ist. Und wer ist das schon?

Im vorliegenden Buch haben wir viele Erfahrungsberichte von Betroffenen wiedergegeben. Darüber hinaus bietet es Ihnen Tips und Hilfen von ausgewiesenen Fachleuten, die zum Teil auch für unsere Sendungen tätig waren.

Geschichten der Talk-Gäste

Manuel aus M.:
Ich habe weit über meine Verhältnisse gelebt

Während ich als Zeitsoldat beim Bund arbeitete, habe ich weit über meine Verhältnisse gelebt. Wenn man 2.500 D-Mark netto verdient, kann man halt keine 4.000 D-Mark ausgeben. Ich hatte während der Bundeswehrzeit ein Konto bei der Sparkasse, die mir einen Dispokredit von 2.000 D-Mark einräumte. Während ich auf einem Lehrgang in S. war, bin ich jeden Tag nach M. gefahren, habe mir teure Klamotten gekauft und bin jeden Abend ausgegangen. Ich hatte total den Überblick verloren. Als ich die Limitgrenze erreicht hatte, bin ich mit meiner ec-Karte zu einer fremden Bank gegangen, da konnte ich ja noch abheben. Doch irgendwann war ich halt 4.000 D-Mark im Minus, und da hat die Bank die Karte eingezogen. Das war einen Tag vor meinem Urlaub. Ich bin zu meiner Bank gegangen, weil ich nach Hause fahren wollte und mir eine Fahrkarte kaufen mußte. 400 D-Mark wollte ich haben, der Angestellte meinte aber nur: »Sind Sie denn wahnsinnig, daß Sie sich überhaupt noch trauen, soviel Geld zu verlangen, das ist ja wohl der Hammer. Sie kriegen den Monat noch 200 D-Mark von mir und dann ist Ende.« Dann habe ich ihm gesagt, daß ich ihm zwei Stunden später die 4.000 D-Mark bringen würde. Ich bin zu einer anderen Bank im Nachbarort gefahren und habe mich dort mit den Worten vorgestellt: »Ich habe zwar kein Konto bei Ihnen, aber ich brauche einen Kredit von 4.000 D-Mark.« Kein Problem, innerhalb von 15 Minuten hatte ich mein Geld. Ich also wieder zu meiner alten Bank, habe dem Angestellten das Geld gegeben und das Konto gekündigt. Bei der anderen Bank habe

Manuel: Ich hatte total den Überblick verloren.

»Sie kriegen den Monat noch 200 D-Mark von mir und dann ist Ende«

ich ein Konto eröffnet und hatte direkt wieder einen Dispo von 2.000 D-Mark plus der 4.000 D-Mark Kredit. Die Zinsen wurden immer mehr. Ich habe auf meinen Kreditvertrag geguckt und festgestellt, daß der Jahreszins bei 18,58 Prozent lag.

Als ich mit dem Bund fertig war, bin ich im Oktober 1993 nach M. gezogen. Im Dezember habe ich angefangen, in einem Hotel zu arbeiten. Das Gehalt hätte gerade die festen Kosten und die Miete gedeckt. Die Bank erhöhte das Limit auf 5.700 D-Mark, dazu kam ein Ratenkredit von inzwischen 10.000 D-Mark. Um die Lage in den Griff zu bekommen, hat die Bank den mittlerweile auf 6.500 D-Mark angestiegenen Dispokredit auf den Ratenkredit umgeschuldet, und die Rate stieg von 278 auf 405 D-Mark, bei einer Laufzeit von 60 Monaten und einem Prozentsatz von 15,56 Prozent. Ich hatte somit gerade 100 D-Mark pro Woche zum Leben, aber man braucht ja auch mal ein Paar neue Schuhe und etwas zum Anziehen.

Da beschloß ich, mich an eine Schuldnerberatung zu wenden, weil ich vorne und hinten nicht mehr auskam. Zunächst war es ein Problem, überhaupt eine zu finden. In L. und M. gibt es nämlich keine öffentliche. Ich bin dann zu einer privaten Beratung gegangen (im März 1995), aber zu einer seriösen. Die Beraterin hat mir sogar die 450 D-Mark Beratungsgebühr erlassen, und bei meiner Bank hat sie erreicht, daß ich bis Ende des Jahres von den 405 D-Mark nur die Zinsen zahlen muß, also 250 D-Mark im Monat.

Neben diesen Kreditbelastungen habe ich noch andere finanzielle Probleme. Von einem Kumpel, der bei einer Versicherung arbeitet, habe ich eine Lebensversicherung aufgeschwatzt bekommen mit 43 Jahren Lauf-

Da beschloß ich, mich an eine Schuldnerberatung zu wenden

zeit, d. h., da wäre ich dann 66 Jahre. Monatlich sollte ich 100 D-Mark zahlen; aber diese ruht seit ein paar Monaten. Dazu habe ich noch eine Unfallversicherung bei der Allianz abgeschlossen, die absolut unsinnig ist und mich 50 D-Mark im Monat kostet. Außerdem habe ich noch eine private Rentenversicherung mit 60 D-Mark pro Monat. Meine Schuldenberaterin hat alle Versicherer angeschrieben und ihnen mitgeteilt, daß ich nicht zahlungsfähig bin; daraufhin haben sie sich noch nicht gemeldet.

Die Schulden habe ich selber verschuldet, da ich einfach nicht mit Geld umgehen kann. Im Moment versuche ich, mich zu erziehen. Ich verdiene 3.000 D-Mark brutto als Chef de partie und bekomme 1.897 D-Mark ausbezahlt. Davon bleiben mir 600 D-Mark. Das Geld verteile ich auf vier Briefumschläge à 150 D-Mark; und jeden Montag öffne ich einen neuen Umschlag, das mache ich seit Anfang des Monats.

Im Moment versuche ich, mich zu erziehen

Ich sehe meine Situation jedoch sehr optimistisch, weil ich in der Wintersaison 1995/96 in St. M. als Koch arbeiten will. Über die Zentrale für Arbeitsvermittlung (Hotel- und Gaststättengewerbe) will ich mir einen Job als Chef entre métier (der Suppen und Beilagen macht) besorgen. Die Gehälter liegen in der Schweiz bei 4.000 bis 4.500 Schweizer Franken netto, aber nur in den Skigebieten. Der Mann von der Arbeitsvermittlung meinte, diese Summe könnte ich auch verlangen. Ich habe ja eine erstklassige Ausbildung. Angefangen habe ich im Restaurant in D., wo der Bundeskanzler auch öfters zu speisen pflegt; dort war ich aber nicht während der ganzen Ausbildung. Durch meinen Job auf N. (ein halbes Jahr) weiß ich auch, was es bedeutet, Saison zu kochen. Der Job in der Schweiz würde natürlich alle meine Geldsorgen lösen, da könnte ich fast den gesamten Kredit zurückbezahlen.

→ Arbeitsvermittlung

Ich habe ja eine erstklassige Ausbildung

Peter aus T.:
Zukunftsperspektiven habe ich im Moment keine

1975 haben wir geheiratet, und zwei Jahre später kam dann das erste Kind, und wir hatten das Gefühl, jetzt könnte es vom Platz her langsam eng werden, da P. auch nicht das einzige Kind bleiben sollte. Wir haben damals gut gelebt, ich war Radio- und Fernsehtechniker in L., meine Frau arbeitete als Krankenschwester. Wir haben uns dann für 40.000 D-Mark ein schönes Grundstück gekauft, wo wir sonntags immer hinspazierten und zu Ostern Eier versteckten. Als ich mich bei der Bank (diese Bank hängt nicht in unserer Schuldengeschichte drin, sondern hat sich seriös und umsichtig verhalten) nach einer Finanzierung für ein Eigenheim erkundigte, riet mir der Angestellte ab und meinte, daß ich doch besser erst das Grundstück abbezahlen sollte. Leider kam dann doch alles anders.

Über eine Kollegin meiner Frau und deren Mann, die vor kurzem gebaut hatten und mächtig stolz waren, bekamen wir Kontakt zu einem Architekten, der eine eigene Bauträgergesellschaft unterhielt. Er brachte uns zur Entscheidung zu bauen. Dies war etwa im Jahre 1978. Er hatte jemanden zur Stelle, der uns die Finanzierung unseres Eigenheims als problemlos und einfach vorrechnete: Baukosten von 365.000 D-Mark und eine monatliche Belastung von 1.800 D-Mark auf 20 Jahre sollten reichen. Ich werfe mir heute vor, daß ich das damals nicht nachgerechnet habe, dann hätte ich wahrscheinlich die Undurchführbarkeit dieses Vorhabens eingesehen. Es ging dann richtig los, als die zwischenfinanzierten Bausparverträge nicht in der richtigen Zeit zugeteilt wurden und ein Tilgungsstreckungsdarlehen auch vor der Zuteilung auslief. Unsere monatlichen Belastungen beliefen sich nunmehr auf 3.600 D-Mark. Wir sind wirklich

Peter: Leider kam dann doch alles anders.

→ Bauträgergesellschaft

→ Eigenheim-Finanzierung

Ich werfe mir heute vor, daß ich das damals nicht nachgerechnet habe

sehr blauäugig an die Geschichte herangegangen, dafür bekommen wir heute die Quittung.

In unserem Haus haben wir von 1980 bis 1985 gewohnt. Ich erinnere mich an einen Winter, in dem wir kein Geld hatten, Heizöl zu kaufen. Da haben wir vielleicht gefroren. Wir hatten zum Glück einen Kaminofen im Wohnzimmer, so daß wir uns über die Feiertage wenigstens da aufhalten konnten. All die Kosten, die mit einem Haus verbunden sind, wie für Wasser, Anliegerkosten etc., hatten wir gar nicht bedacht.

Ich habe mich in der Zeit des Hausbaus selbständig gemacht. Mein Partner und ich machten 1978 einen Vertrieb für Büromaschinen auf. Dafür habe ich ein Existenzgründungsdarlehen von 30.000 D-Mark aufgenommen. Da war die Decke auch sehr dünn. Mein Partner konnte damit leben, er wohnte damals noch bei seinen Schwiegereltern in der Wohnung, aber für uns hat das Geschäft einfach zu wenig abgeworfen bei unseren monatlichen Belastungen. 1983 haben mein Partner und ich uns getrennt. Er macht das Geschäft immer noch. Ich habe danach acht Jahre, von 1986 bis 1994, bei einer Versicherungsgesellschaft als Vertreter gearbeitet. Die Banken kamen dann bei meinem Arbeitgeber mit Pfändungsüberweisungsbeschlüssen an. Da war meine Arbeitslust bei den gepfändeten Beträgen auch nicht mehr so groß. Sie können sich ja vorstellen, warum mein Arbeitgeber sich dann auch von mir trennte.

Meine Familie war teilweise auch in diese Schuldengeschichte verstrickt. Meine Mutter, 81 Jahre und Rentnerin, wurde damals als Bürgin in die Finanzierung mit eingebunden und fand sich nachher als Mitschuldnerin wieder. Seit August 1994 versucht die Bausparkasse die Rente meiner Mutter bis auf das Existenzminimum zu pfänden. Angeblich sei meine

All die Kosten, die mit einem Haus verbunden sind, wie für Wasser, Anliegerkosten etc., hatten wir gar nicht bedacht

→ Existenzgründungsdarlehen

Da war meine Arbeitslust bei den gepfändeten Beträgen auch nicht mehr so groß

Mutter nicht zahlungswillig, obwohl sie freiwillig immer 100 D-Mark im Monat bezahlt hat. Als einmal eine Zahlung ausblieb, kam die Bausparkasse sofort mit einem Überweisungsbeschluß. Wir versuchen zur Zeit, gerichtlich dagegen vorzugehen. Meine Mutter hat ja noch einen schwerbehinderten Sohn, für den sie sorgen muß.

Als einmal eine Zahlung ausblieb, kam die Bausparkasse sofort mit einem Überweisungsbeschluß

Zu Meinungsverschiedenheiten kam es ab und zu in unserer Familie. Unsere Kinder waren damals noch sehr klein. Wir haben jedoch offen mit ihnen über alles geredet. Wenn sie Taschengeld wollen, muß ich sie oft auf die nächste Woche vertrösten. Unser jüngster Sohn trägt Zeitungen aus und fragt mich immer, ob er uns etwas leihen soll. Man muß halt auf vieles verzichten; Urlaub ist sowieso nicht drin. Und wenn wir uns mal richtig satt essen wollen, gehen wir zu meiner Mutter.

Vor einem halben Jahr sind wir zu einer Schuldnerberatung der Caritas gegangen. Die Schuldnerberatung will dafür sorgen, daß die Gläubiger von einer Pfändung meines Gehaltes in Zukunft absehen werden, damit ich die Chance habe, überhaupt eine Stelle zu bekommen. Ich hatte neulich ein Vorstellungsgespräch, und man war sehr interessiert an mir, aber als der Chef von meiner finanziellen Lage hörte, war es vorbei mit dem Job. Ich mußte dem Mann ja reinen Wein einschenken. Wenn mein Gehalt nicht gepfändet würde, hätte ich mehr Luft und könnte freiwillig eine Summe für die Tilgung meiner Schulden zur Seite legen. Ich würde ja im Moment fast jede Arbeit annehmen.

Die Schuldnerberatung will dafür sorgen, daß die Gläubiger von einer Pfändung meines Gehaltes in Zukunft absehen werden

Die Schuldnerberaterin konnte auch bei einem unserer Gläubiger (bei der Bank, wo wir 70.000 D-Mark Schulden haben) eine Zinstilgungsfreistellung bis Ende des Jahres erwirken. Unser Hauptgläubiger zeigte sich jedoch nicht bereit, uns in irgendeiner Weise entgegenzukommen.

→ Zinstilgungsfreistellung

Im Moment können wir den Gläubigern gar nichts bezahlen. Das Gehalt meiner Frau wird gepfändet, was übrigbleibt, geht für die Miete drauf (1.200 D-Mark); von meinem Arbeitslosengeld essen und leben wir, allerdings mehr schlecht als recht. Seit 1986 leisten wir regelmäßig alle drei Jahre eine eidesstattliche Versicherung (früher als Offenbarungseid bekannt). Doch das verschafft einem auch nicht unbedingt mehr Ruhe vor den Gläubigern, viele meinen nämlich, da wäre doch noch irgendwo etwas zu holen.

Seit 1986 leisten wir regelmäßig alle drei Jahre eine eidesstattliche Versicherung

Ich konnte und kann in dieser Situation nichts machen. Soll ich mich dem Alkohol hingeben oder mir einen Strick kaufen? Damit ist das Problem ja nicht beseitigt. Auch wenn man solche Momente hat. Aber ich kann ja meine Frau und die Kinder nicht hängen lassen. Manchmal denke ich auch: werd' mal Alkoholiker, dann wirst du besser betreut als jetzt.

Zukunftsperspektiven habe ich im Moment nicht. Einziger Lichtblick ist für mich die neue Insolvenzordnung für Privatleute, die 1999 in Kraft treten soll und die Schuldner von ihren Schulden befreit, wenn sie sich sieben Jahre lang willig gezeigt haben, ihre Schulden zu tilgen.

Zukunftsperspektiven habe ich im Moment nicht

→ Insolvenzordnung

Martin C. G. aus D.:
Als wir nichts mehr hatten, kam keiner mehr

Vor rund 15 Jahren lernte ich jemanden kennen, der mit Reifen handelte. Ich hielt dies für ein recht einträgliches Geschäft, verkaufte die Geschenkboutique meiner Frau und meine eigene Versicherungsagentur und stieg in das Geschäft mit ein. Als wir weiteres Geld benötigten, marschierte ich mit Anzug und Krawatte zu unserer Bank und kam zehn Minuten später mit einem 50.000-D-Mark-Kredit wieder raus.

Ein Jahr später hatte ich dann insgesamt 150.000 D-Mark Schulden. Mein grundsätzlicher Fehler war, in ein Geschäft eingestiegen zu sein, von dem ich zu jenem Zeitpunkt absolut nichts verstand.

So brach plötzlich alles über mir zusammen. Die Bank kündigte Kredite und machte die Konten dicht. Einem ersten Impuls folgend, wollte ich mich aufhängen. Nach reiflicher Überlegung und dank der Unterstützung durch meine Frau – wir waren erst ein knappes Jahr verheiratet – sagte ich mir, daß es irgendwie weitergehen mußte.

Leider beging ich aber gleich den nächsten schwerwiegenden Fehler, weil ich die Post nicht mehr aus dem Briefkasten holte. Ich ignorierte alle »bösen Briefe« und verschenkte auf diese Art rund fünf Jahre, die ich eher mit der Schuldenrückzahlung hätte fertig sein können.

Doch dann ging ich zu einer Schuldnerberatung. Dort riet man mir, alle Gläubiger aufzulisten und treu und brav jedem monatlich einen kleinen Betrag zu überweisen. Daheim setzte ich mich auch hin, schrieb alles auf, rechnete zusammen und kam zu dem Ergebnis, daß ich auf diese Art noch nicht einmal die Zinsen meines Schuldenberges abtragen konnte. Auf meinem Grabstein hätte dann irgendwann einmal gestanden: »Er verstarb mit einer Restschuld«.

Mir blieb also nichts anderes übrig, als die eidesstattliche Versicherung abzulegen. Beim erstenmal tat es noch weh, doch man gewöhnt sich auch an diesen Zustand. Wichtig war und ist für mich immer, daß meine Familie zu essen hat, die Miete bezahlt ist, das Telefon funktioniert und meine Frau krankenversichert ist.

Ich selber war mehr als zehn Jahre lang nicht krankenversichert und habe die so gesparten Beiträge lieber zur Schuldentilgung verwendet.

Martin: So brach plötzlich alles über mir zusammen.

→ Eidesstattliche Versicherung

Ich selber war mehr als zehn Jahre lang nicht krankenversichert und habe die so gesparten Beiträge lieber zur Schuldentilgung verwendet

Arbeiten kann man auch mit 40 Grad Fieber, wenn man muß! Schließlich hatte ich diesen Mist selbst angerichtet und mußte uns da auch wieder herausholen.

Zuerst wurden die Schulden bezahlt, die auch meine Frau betrafen. So habe ich sie »saubergemacht«, und es stand nur noch einer von uns beiden in der Schuldnerauskunft. Sie konnte wieder ein Konto eröffnen und normale Überweisungen tätigen. Sparen war aber oberstes Gebot. Wir haben manche Woche nur von Nudeln und Soße gelebt. Alles, was unnütze Kosten verursachte, wurde abgebaut, leider auch die Theater-, Kino-, Gaststätten- und Diskobesuche.

Im Jahre 1992 konnte ich dann erstmals wieder etwas aufatmen und sagen: »Es ist endlich Land in Sicht!« Von da an ging es auch schlagartig bergauf.

Von da an ging es auch schlagartig bergauf

Wenn man seine Schulden zurückzahlen will, darf man nicht alles akzeptieren, was die Gläubiger wollen. Man muß hart verhandeln. Das sah in vielen Fällen so aus: Betrug eine Schuld etwa 2.000 D-Mark und hatte sich durch Kosten und Zinsen inzwischen auf 4.000 D-Mark erhöht, machte ich meist folgendes Angebot: »Ich zahle freiwillig die 2.000 D-Mark, doch keinen Pfennig mehr. Sind Sie damit nicht einverstanden, lege ich erneut die eidesstattliche Versicherung ab, und Sie sehen gar nichts!«

Die meisten Gläubiger waren hocherfreut, wenigstens ihr Geld zurückzubekommen. So habe ich statt mühsamer Stotterraten einen Betrag zusammengespart und dann eine Schuld auf einmal erledigt. Das alles muß man sich aber stets schriftlich bestätigen lassen. Auch empfiehlt es sich, einen Begleiter zu solchen Terminen mitzunehmen, der das Geld in seiner Tasche hat, damit es einem im letzten Moment nicht noch aus der Tasche weggepfändet wird.

Wenn alles klappt, bin ich im nächsten Jahr völlig sauber, und habe rund 180.000 D-Mark zurückgezahlt.

Ich kann außerdem nur jedem raten, selbständig oder freiberuflich zu arbeiten, denn wenn man fest angestellt ist, wird das Gehalt meist rasch gepfändet. Auch hat man als Arbeitnehmer nicht die Möglichkeit, genug zu verdienen, um dann auch noch menschenwürdig leben zu können. Und das ist das Wichtigste, damit man auch die Kraft und den Willen hat, sich aus so einer Misere herauszuarbeiten.

Wenn man fest angestellt ist, wird das Gehalt meist rasch gepfändet

Ich habe tagsüber Kisten geschleppt, als Fahrer gearbeitet und nahezu jeden Job angenommen: Nachts schrieb ich für Verlage und Agenturen kleine Geschichten. Jetzt arbeite ich seit einigen Jahren nur noch als Buchautor. Zu meinem Glück bin ich in der Lage, jeden Monat zwei Bücher schreiben zu können, so war es mir möglich, auch recht viel abzubezahlen. Noch rund 20.000 D-Mark, und dann trinken meine Frau und ich eine Flasche Champagner.

Sie müssen, wenn Sie jemals ihre Schulden zahlen wollen, zu ein paar legalen Tricks greifen: Benötigen Sie ein Auto, dann kaufen Sie es nicht selber, sondern geben Ihrem Bruder oder dem Vater das Geld; der kauft dann das Auto für Sie. Es kann ruhig auf Sie zugelassen sein, damit Sie nicht Ihren Rabatt verlieren, es darf Ihnen nur nicht gehören! Denken Sie auch stets daran, daß Sie und ihre Familie leben müssen. Sparen Sie nicht am Essen; wenn Sie eine neue Jeans benötigen, kaufen Sie diese. Es nutzt niemandem, auch nicht Ihren Gläubigern und den Banken, wenn Sie seelisch und körperlich ein Wrack sind, krank werden und im Krankenhaus

Denken Sie auch stets daran, daß Sie und ihre Familie leben müssen

nur noch neue Kosten produzieren. Nur wenn es mir gut geht, kann ich auch arbeiten, Geld verdienen und Schulden zahlen, das ist mein Grundsatz.

Wichtig ist es auch zu wissen, daß der Gerichtsvollzieher nicht Ihr Feind ist, sondern zum Verbündeten werden kann, wenn man es richtig anfängt. Der Mann – oder die Frau – tut auch nur seine Pflicht und kann einem sehr behilflich sein. Ich habe mich mit allen Gerichtsvollziehern stets recht gut verstanden. So ein Mann fährt ja auch einmal in Urlaub, hat nicht immer Zeit oder verlegt sogar mal eine Akte, wenn Sie verstehen, was ich meine.

Doch es gibt auch andere, meist private Schuldeneintreiber, und viele Gläubiger wissen gar nicht, was diese Typen so alles in Ihrem Namen anstellen. Bei meinen monatelangen Recherchen habe ich mit Leuten gesprochen, die sogar verprügelt worden sind.

Unser Glück war, daß die gesamte Familie zu uns gehalten hat. Bei meinem Vater konnten wir nach dem finanziellen Zusammenbruch erst einmal unterkriechen, und die Schwiegereltern unterstützten uns ebenfalls.

Aber Freunde? Die können Sie dann meist vergessen. Früher war bei uns stets ein offenes Haus, und kein Tag verging ohne Gäste; ich kaufte monatlich für rund 400 D-Mark Wein, obwohl ich selber keinen trinke. Aber als nichts mehr zu holen war, blieben auch die sogenannten Freunde aus. Aber der wichtigste Helfer in dem ganzen Schlamassel war meine Frau. Ohne sie hätte ich es nie geschafft. Wir haben stets über alles geredet, und jede Krise schweißte uns nur noch fester zusammen.

Keiner, der es nicht selbst erlebt hat, wird je begreifen, was es bedeutet, auf der sozialen Leiter schlagartig abzustürzen.

Wichtig ist es auch zu wissen, daß der Gerichtsvollzieher nicht Ihr Feind ist, sondern zum Verbündeten werden kann

→ Private Schuldeneintreiber

Unser Glück war, daß die gesamte Familie zu uns gehalten hat

Rosemarie H. aus F.:
Mein Ex-Mann hat mich total reingelegt

Mein Mann und ich kauften 1987 ein Haus für 265.000 D-Mark. Nach einer Schätzung hatte das Haus einen Wert von ca. 770.000 D-Mark. Wir nahmen eine Grundschuld von rund 450.000 D-Mark auf das Haus auf, wovon 250.000 D-Mark in das Kfz-Geschäft meines Mannes flossen. Mit dem restlichen Geld wurde ein Teil der Hausschulden abbezahlt. Bis 1985 war schon ein großer Teil davon abgetragen. Als dann die Ehe zerbrach, ließen wir bei einem Notar einen Ehevertrag schreiben. In diesem Vertrag überschrieb ich meinem Ex-Mann meine Hälfte des Hauses; somit war er alleiniger Eigentümer und nahm im Gegenzug die gesamten Schulden auf sich, entband mich also von allen Verbindlichkeiten, die das Haus (Grundschuld) betreffen. Jetzt aber kam mein Verständigungsproblem! Ich wußte nicht, daß mich die Banken auch aus der Grundschuld entlassen mußten. Dafür war es nun aber zu spät.

Mein geschiedener Mann zog nach unserer Trennung in das Haus seiner Freundin, meldete das Geschäft auf sie um und war selbst nur noch als Geschäftsführer zu einem Niedriglohn angestellt. Für das Haus zahlte er keinen Pfennig mehr. Vor der Scheidung behauptete er noch, das Haus für unsere gemeinsame Tochter behalten zu wollen, doch 1987 wurde es dann für 271.000 D-Mark versteigert. Trotzdem blieben noch genug Schulden übrig. Nachdem mein Ex-Mann einen Offenbarungseid geleistet hatte, traten die Banken nun an mich heran und pfändeten mein Gehalt. Erst jetzt wurde mir die Tragweite des Ehevertrages bewußt. Die Schulden beliefen sich auf ca. 38.000 D-Mark bei der X-Bank in G. und auf ca. 260.000 D-Mark bei der Bausparkasse. Bis Oktober 1993 zahlte ich dann

Rosemarie: Meine Tochter verarbeitet die ganze Sache jetzt erst so langsam.

Ich wußte nicht, daß mich die Banken auch aus der Grundschuld entlassen mußten

→ Offenbarungseid

300 D-Mark meines Gehaltes an die X-Bank. Zu meinem Glück konnte ich dann einen Vergleich mit beiden Banken schließen, damit die Pfändung aufgehoben wurde. Insgesamt mußte ich nun an beide Banken sofort 20.000 D-Mark zahlen. Diese Summe nahm ich dann wieder als Kredit bei der X-Bank auf. Durch einen zinslosen Kredit von meinem Bruder konnte ich die 20.000 D-Mark mit einem Schlag bezahlen. Ab dem Jahre 2000 muß ich bis zur Rente monatlich 300 D-Mark an die Bausparkasse zahlen.

Mein Ex-Mann hat mich total reingelegt. Er hat sich arbeitslos gemeldet, von ihm ist nichts zu holen. Er kommt noch nicht einmal seinen Unterhaltspflichten nach. Im März 1995 hat er mir zwar 200 D-Mark überwiesen, aber die Zahlungen kommen nur sporadisch. Auch Unterhaltsklagen nutzen nichts. Die ganze Sache geht nur hin und her: Klage, Ablehnung der Klage, etc. Seit rund zehn Jahren koche ich vor Wut. Hinter dem Unterhalt bin ich natürlich her. Da telefoniere ich regelmäßig mit dem Jugendamt.

Von ihm ist nichts zu holen

Die Banken waren am Anfang »stinkefreundlich«, boten alles an. Wenn es jedoch hart wird, dann nehmen sie einen aus. Ich habe dem Vorstand der X-Bank die Türe eingerannt. Seit 1987 habe ich alle vier Wochen mit den betreffenden Herren telefoniert. Damals habe ich ca. 2.200 D-Mark verdient. Nach Abzug aller Auslagen blieben mir und meiner Tochter vielleicht noch 400 D-Mark übrig. Daraufhin sprach ich wieder mit der Bank. Ich gab den Herren zu verstehen, daß ich besser gestellt wäre, wenn ich mich arbeitslos melden würde. Erst die Drohung hat geholfen, damit die Bank mir den Vergleich anbot. Ich mußte dann 300 D-Mark monatlich zahlen, und die haben die Pfändung bestehen lassen. Also stand eine Pfändung in meiner Personalakte: Ich konnte mit meinem Werks-

Also stand eine Pfändung in meiner Personalakte

ausweis nicht bargeldlos in der Kantine essen gehen und auch nicht bargeldlos im Werk einkaufen, mußte also immer bar bezahlen. Ich war quasi vor den Kollegen abgestempelt.

Meine Tochter verarbeitet die ganze Sache jetzt erst so langsam. Das Verhältnis zu ihrem Vater besteht fast nicht mehr. Ich versuche, so gut es nur geht, meiner Tochter ein schönes Leben zu ermöglichen. Sie bekommt auch etwas Taschengeld von mir. Den Rest muß sie sich dazuverdienen.

Ich war bei keiner Schuldnerberatung; ein entfernter Bekannter aber, der bei der Z-Bank arbeitete, half mir in dieser schweren Zeit. Ohne ihn hätte ich die ganze Sache nicht durchgestanden.

Deutschland bankrott?

2.

Die heutige Kreditgesellschaft

Manche werden noch den Satz im Ohr haben: »Auf Kredit kauft man nichts! Da dauert es so lange, bis man zu den gekauften Dingen *Du* sagen kann.«

Hätte diese Weisheit heute noch Bestand, so wären viele Autos und etliche andere langlebige Gebrauchsgüter nicht verkauft worden. Das »Nachsparen«, wie die Kreditaufnahme zur Konsumfinanzierung mancherorts verschleiernd von der Kreditwirtschaft genannt wird, gehört heute zum Alltag.

Deutschland ist, wie die meisten westlichen Industrienationen auch, eine Kreditgesellschaft. Einige Zahlen der Deutschen Bundesbank belegen dies sehr deutlich: Ende 1994 betrug das gesamte Kreditvolumen aller deutschen Haushalte annähernd 1,5 Billionen D-Mark! Mit gut 45 Milliarden D-Mark sind ostdeutsche Haushalte dabei. Zwei Drittel davon wurden zum Erwerb von Immobilien aufgenommen, aber immerhin noch fast 366 Milliarden D-Mark dienten zur Konsumfinanzierung. Diese Unterscheidung der offiziellen Kreditstatistik hat einen wichtigen Stellenwert. Bei der Immobilienfinanzierung stehen den eingegangenen Verbindlichkeiten in aller Regel adäquate Sachwerte wie ein Haus mit Grundstück oder eine Eigentumswohnung gegenüber. Bei den sogenannten Konsumentenkrediten fehlt meist dieser Gegenwert, da man Autos, Möbel, Reisen und oftmals andere Schulden damit finanziert. Im nachfolgenden wird fast ausschließlich die Konsumfinanzierung behandelt.

Der Kreditmarkt hat eine sehr stürmische Entwicklung hinter sich: Von 1970, mit einem aus heutiger Sicht »lächerlichen« Konsumenten-

Ende 1994 betrug das gesamte Kreditvolumen aller deutschen Haushalte annähernd 1,5 Billionen D-Mark

kreditvolumen bei Privathaushalten von rund 30 Milliarden D-Mark, ist das Volumen bis 1994 um 1.220 Prozent auf 366 Milliarden D-Mark angestiegen. Dies bedeutet, rein statistisch, eine jährliche Wachstumsrate von fast 51 Prozent oder, in D-Mark ausgedrückt: Mehr als 15 Milliarden D-Mark Neuverschuldung pro Jahr (1994 war ein »Durchschnittsjahr« mit einer Neu-Kreditaufnahmequote von 15,9 Milliarden D-Mark).

Mehr als 15 Milliarden D-Mark Neuverschuldung pro Jahr

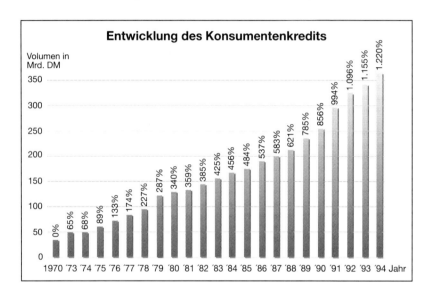

Die Entwicklung des modernen Kreditwesens weist eine kurze Vergangenheit auf. Ende der fünfziger Jahre forderte der damalige Wirtschaftsminister und spätere Bundeskanzler Ludwig Erhard die deutschen Banken und Sparkassen auf, »einem rechtschaffenen deutschen Arbeiter auch mal einen Kredit von 2.000 D-Mark zu gewähren«. Der Wirtschaftsfachmann wußte, was er tat: Die große nachkriegsbedingte Konsumwelle war vorbei. Die kreditfinanzierte Kaufkrafterhöhung konnte zur

Produktionssteigerung beitragen und den marktwirtschaftlichen Kreislauf von Angebot und Nachfrage aufrechterhalten.

1960 betrug das Volumen aller vergebenen, frei verfügbaren Kleinkredite rund 1,1 Milliarden D-Mark. Die eigentliche Geburtsstunde des massenhaften Kreditgeschäfts mit Privathaushalten schlug aber erst einige Jahre später: 1967 wurden das weitgehende Werbeverbot für Kredite und die gesetzliche Zinsbindung aufgehoben und damit der Markt frei für eine breite Kreditvergabe. Allein im »ersten freien Konsumentenkreditjahr« stieg das Kreditvolumen um über 220 Prozent an!

Damals führten die Banken schließlich auch die Girokonten als Lohn- und Gehaltskonten ein. Sie bilden heute ein wichtiges Instrument der Kreditvergabepolitik. An dieser massenhaften Umstellung von der Lohntüte (mit zum Teil noch wochenweiser Auszahlung) auf die Girokonten wurden seinerzeit die Arbeitgeber finanziell beteiligt. Die Kontoinhaber brauchten für ihr neues Konto nichts zu bezahlen. Den nächsten Schritt nach dem Girokonto für alle Arbeitnehmer bildete die Einführung der Scheckkartengarantie (Eurocheques) mit dem damals garantierten Einlösebetrag von 300 D-Mark pro Scheck. Dies schuf vor allem die Möglichkeit eines Kontoüberziehungskredites »in laufender Rechnung«, wie es damals noch hieß.

Und wie sah es ganz früher aus?

Ein Blick in die Bibel verrät uns, daß es auch damals im Orient schon Schulden gab: »Wenn du deinem Nächsten irgend etwas borgst, so sollst du nicht in sein Haus gehen und ihm ein Pfand nehmen, sondern du sollst draußen stehen, und er, dem du borgst, soll sein Pfand zu dir herausbringen. Ist er aber bedürftig, so sollst du dich nicht schlafen legen mit seinem

1960 betrug das Volumen aller vergebenen, frei verfügbaren Kleinkredite rund 1,1 Milliarden D-Mark

Pfand, sondern sollst ihm sein Pfand wiedergeben, wenn die Sonne untergeht, daß er in seinem Mantel schlafe und dich segne. So wird das deine Gerechtigkeit sein vor dem Herrn, deinem Gott« (5. Mose 24, 10-13). Dies ist ein deutlicher Beleg dafür, daß schon zu Zeiten des Alten Testaments der »Schuldnerschutz« angemahnt werden mußte. Die Griechen kannten bereits Zins und sogar den Zinseszins. In den mittelalterlichen Schuldturm wurden säumige Schuldner eingesperrt und somit dem Gespött des Volkes öffentlich preisgegeben. Das »sich etwas Leihen« (Geld oder Güter) hat es wohl zu allen Zeiten gegeben, und sei es in Form vom »Anschreiben« lassen. So kann man sicher behaupten, daß das Kreditgewerbe das zweitälteste Gewerbe der Welt ist.

Das Kreditgewerbe ist das zweitälteste Gewerbe der Welt

Der Beginn industriemäßiger Produktion von Nähmaschinen, Fahrrädern, Möbeln usw. um die Mitte des 19. Jahrhunderts brachte entscheidende Veränderungen, auch in Hinblick auf die Gewährung und Notwendigkeit der Konsumentenkredite. Eine starke Landflucht setzte ein, und die selbständige Versorgung durch landwirtschaftliche Eigenproduktion entfiel. Die seinerzeit gezahlten niedrigen Löhne lagen teilweise unter dem Existenzminimum. Diese Situation ließ die Kreditgewährung zu einem wichtigen Bestandteil der Absatzstrategie werden. So hat beispielsweise die Singer Nähmaschinen Manufacturing Company bereits 1888 zwei Drittel ihrer gesamten Produktion auf Abzahlungs-Kredit-Basis verkauft und verdrängte mit dieser Strategie etwa 80 Prozent der deutschen Nähmaschinenhersteller vom Markt.

So hat beispielsweise die Singer Nähmaschinen Manufacturing Company bereits 1888 zwei Drittel ihrer gesamten Produktion auf Abzahlungs-Kredit-Basis verkauft und verdrängte mit dieser Strategie etwa 80 Prozent der deutschen Nähmaschinenhersteller vom Markt

Nach dem Vorbild dieses profitablen Abzahlungsgeschäftes richtete man schließlich überall sogenannte Abzahlungsbasare ein, »bei denen mittellose Bürger selbst die kleinsten Sachen, vorausgesetzt, sie waren als

Sachsicherheiten tauglich, zu Wucherpreisen auf Raten kaufen konnten. Die einzelnen Raten, die manchmal nur zehn Pfennig in der Woche ausmachten, wurden von eigens angestellten ›Eintreibern‹ in den Wohnungen der Abzahlungskäufer abgeholt«, wie es der deutsche Kreditrechtsexperte Udo Reifner einmal beschrieben hat.

Schätzungen gingen davon aus, daß um 1900 etwa 80 Prozent der Bevölkerung Abzahlungskunden waren. 1926 startete das Kaufhaus Tietz (»Hertie«) eine Werbekampagne mit dem Slogan »Kaufe jetzt, zahle später« – ein Satz, der beim Versandhandel noch heute aktuell ist. In jener Zeit gründeten sich in Deutschland überall Teilzahlungsbanken, die gut 50 Jahre später als sogenannte »Drei-Buchstaben-Banken« (z. B. ABC-, KKB-, AKB-, CTB-Bank) wegen deutlich überhöhter Kreditzinsen negativ auffielen. Über diese Teilzahlungsbanken sowie den Handel selber wickelte man das stets in Verbindung mit dem Kauf eines bestimmten Gutes stehende Abzahlungsgeschäft ab. Nach dem Zweiten Weltkrieg hat sich das zunächst noch kaufobjektbezogene Konsumentenkreditgeschäft der Teilzahlungsbanken schnell erholt. Im Juli 1949 kauften die Deutschen bereits 60 Prozent aller Möbel, 70 Prozent der Radiogeräte, 25 Prozent der Fahrräder und 30 Prozent allen Hausrats auf Kredit, wie Recherchen Udo Reifners ergaben.

Wie eingangs schon erwähnt, spielt das Girokonto heute eine besondere Rolle, nicht nur im Zahlungsverkehr, sondern auch im Rahmen der Kreditvergabe. Die sogenannten Überziehungskredite oder Dispositionskredite, wie sie im »richtigen Bankendeutsch« heißen, nehmen inzwischen einen breiten Raum ein. Etwa 40 Milliarden D-Mark an roten Zahlen stehen auf Girokonten. Heute erhalten die meisten Girokontoinhaber automa-

Schätzungen gingen davon aus, daß um 1900 etwa 80 Prozent der Bevölkerung Abzahlungskunden waren

Etwa 40 Milliarden D-Mark an roten Zahlen stehen auf Girokonten

tisch einen Überziehungskredit eingeräumt, wenn ein regelmäßiger Lohn- oder Gehaltseingang nachgewiesen wird. Allerdings werden heute auch eine hohe Anzahl von Girokonten fast ausschließlich im Soll, d. h. mit einem Debetsaldo geführt. Dies ist für den Kontoinhaber teuer und für die Bank profitabel.

Für die Finanzierung eines teuren Konsumgutes empfielt sich sinnvollerweise immer noch die klassische Form des Ratenkredites. Man zahlt die Kreditsumme in festen Raten und mit einem festen Zinssatz in einer fest vereinbarten Laufzeit (z. B. 48 Monate) zurück. Diese Kreditform bietet für den Kreditnehmer ein Höchstmaß an Transparenz: Er weiß genau, wie viel und wie lange er (noch) zurückzahlen muß. Auch Zinsschwankungen können ihm nichts anhaben. Ein gewisses Risiko liegt allerdings beim Kreditgeber: Gibt er in einer sogenannten Niedrigzinsphase, wenn das »Geld also besonders billig ist«, viele festverzinsliche Kredite heraus, kann er keine Zinsanpassung vornehmen, wenn das allgemeine Zinsniveau steigt. Dann muß das Kreditinstitut allerdings für Spareinlagen mehr Zinsen gewähren und damit schrumpft seine Gewinnspanne. Denn diese resultiert – neben den Einnahmen, die Banken noch aus dem Agenturgeschäft, z. B. der Vermittlung von Versicherungs- und Bausparverträgen – erwirtschaften, hauptsächlich aus der Zinsspanne, d. h. aus dem durchschnittlich 7,5 Prozent-Punkte betragenden Unterschied zwischen Guthaben- und Sollzinsen. Um dieser Gefahr zu entgehen und jederzeit Zinsanpassungen vornehmen zu können, sind die Kreditinstitute in der letzten Zeit vermehrt dazu übergegangen, sogenannte Rahmenkredite, die etwa als »Ideal-Kredit« oder »Vario-Dispo-Kredit« auf dem Markt angeboten werden, zu offerieren. Mit dieser undurchsichtigen Kreditform wird nicht

Für die Finanzierung eines teuren Konsumgutes empfielt sich sinnvollerweise immer noch die klassische Form des Ratenkredites

→ Rahmenkredite

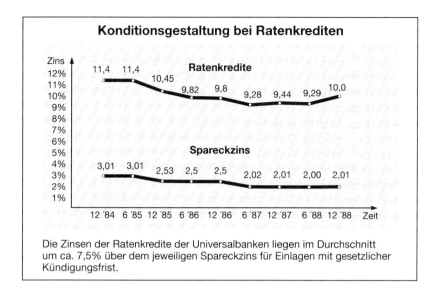

Als Richtsatz für die Verzinsung von Geldeinlagen gilt der »Eckzins«. Dieser ergibt sich aus dem Spareckzins, d.h. dem meist sehr niedrigen Zinssatz, der für Spareinlagen mit gesetzlicher Kündigungsfrist (also normale Sparbücher, ohne besondere zeitliche Festlegung) gezahlt wird.

selten eine »lebenslange Kreditzwangsverschuldung« eingeleitet. Die Bank gewährt, je nach Bonität, einen entsprechenden Kreditrahmen, der z. B. ein halbes Jahresnettogehalt betragen kann. Der Kunde kann jetzt jederzeit frei über seinen Kreditrahmen verfügen. Doch die Kehrseite bleibt unerwähnt: Die Zinsen sind variabel, können also den »Marktentwicklungen« angepaßt werden. Die Bank ermittelt sie zudem erst nachträglich und rechnet sie entweder monatlich oder sogar nur quartalsweise ab. Darüber hinaus belastet sie den Kunden mit weiteren Kosten, z. B. einer speziellen Kontoführungsgebühr, Kosten für zugeschickte Kontoauszüge oder einer Versicherung wie beispielsweise der »Restschuldversicherung«. Sie stellt eine verschleierte Form der Lebensversicherung dar, die dann den fälligen Kreditsaldo ausgleichen soll, falls der Kreditnehmer plötzlich stirbt. Außerdem »kapitalisiert« man bei dieser Kreditform die berechneten Zinsen,

Mit dieser undurchsichtigen Kreditform wird nicht selten eine »lebenslange Kreditzwangsverschuldung« eingeleitet

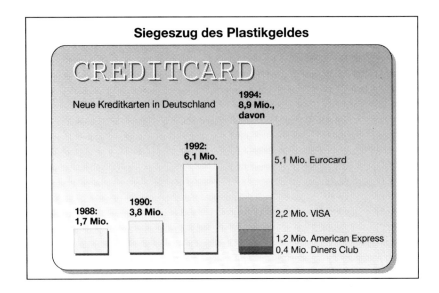

Das Zahlen mit Plastikgeld verbreitet sich in Deutschland immer mehr. So waren Anfang 1994 8,9 Millionen Kreditkarten im Umlauf, d.h. 18 Prozent mehr als im Vorjahr. Spitzenreiter unter ihnen ist im Moment die Eurocard, die Kreditkarte der deutschen Banken und Sparkassen mit 5,1 Millionen Karten im Umlauf. Großer Beliebtheit erfreut sich die Kreditkarte nicht nur auf Reisen, sondern auch im Alltag, beim Bargeldholen am 24-Stunden-Automaten, beim Telefonieren oder beim Schnäppchen-Kauf.

Gesellschaft für Zahlungssysteme (GZS)

d. h. man schlägt sie dem restlichen Gesamtkreditbetrag zu und »berücksichtigt« sie bei der nächsten Zinsabrechnung. Durch diesen legalen Trick umgehen die Banker das Zinseszinsverbot (§ 289 BGB). Die vereinbarte monatliche Mindesttilgungsrate setzt man häufig sehr niedrig an. Dadurch ergibt sich eine lange Tilgungszeit; neue Verfügungen, z. B. der verführerisch angepriesene Kurzurlaub, führen schließlich zu einem Dauerkredit. Die Gefahr, den Überblick zu verlieren, ist groß und wird häufig noch dadurch verschärft, daß die Banken das Rahmenkreditkonto an das Girokonto koppeln: Die fälligen Tilgungsraten können bankenseitig einfach vom Girokonto aufs Kreditkonto umgebucht werden. Der Debetsaldo, d. h. die Soll-Seite, kann hier also auch anwachsen.

Im Vergleich zu den USA, wo sich 1994 340 Millionen Kreditkarten im Umlauf befanden, steckt Deutschland mit 8,9 Millionen ausgegebenen

Durch diesen legalen Trick umgehen die Banker das Zinseszinsverbot (§ 289 BGB)

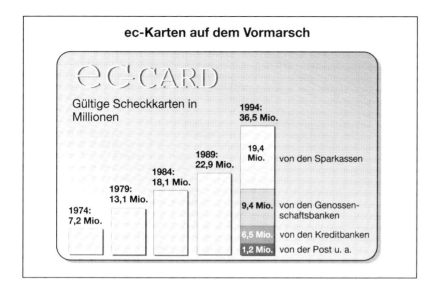

Nach den neuesten Angaben der Bundesbank nutzen die Deutschen derzeit 36,5 Millionen ec-Karten. Rund um die Uhr kann bargeldlos gezahlt werden oder Bargeld vom Geldautomaten geholt werden. Es stehen 20.000 Automaten im Inland sowie zahlreiche im Ausland zur Verfügung. Inzwischen bedeutet »ec« auch »electronic cash«, d.h., man kann auch an Tankstellen und im Einzelhandel bargeldlos per ec-Karte und Geheimzahl bezahlen. Über die Hälfte der ec-Karten (19,4 Millionen) sind von den Sparkassen, ein Viertel (9,4 Millionen) von Kreditgenossenschaften und der Rest von Banken, Post und anderen Instituten.

Deutsche Bundesbank

Kreditkarten in dieser Hinsicht noch in den Kinderschuhen. Ihnen gegenüber stehen heute immer noch 36,5 Millionen Eurocheque-Karten der Kreditinstitute, mit denen auch an immer mehr Ladenkassen oder Tankstellen »elektronisch« gezahlt werden kann (hier wird der Betrag aber sofort dem Girokonto belastet).

Waren früher Kreditkarten vornehmlich für wohlhabendere Kunden gedacht, so senkte man in den letzten Jahren sukzessive die Bonitätsgrenzen, so daß heute zunehmend Normal- und sogar Kleinverdiener diese Zahlungsform nutzen können. Die Grundkosten für die Karten schwanken stark, und die kleinen Plastikteilchen sind mit sehr verschiedenen Zusatzleistungen, z. B. Versicherungen, versehen, wodurch eine Kundenauslese ermöglicht wird. Die Gold-card bekommt eben nicht jeder.

Welchen Nutzen hat der Kunde wirklich von dem Plastikgeld? Die Rechnung für einen Kauf per Karte kommt immer erst einige Wochen später. So läßt sich, theoretisch betrachtet, ein Zinsgewinn machen. Aber diese Abrechnungsform programmiert eine gewisse Undurchsichtigkeit bereits vor. Vor allem, da heute nicht nur alle Banken und Sparkassen, sondern auch große Verbände (z. B. der ADAC) Kreditkarten anbieten, ist die Gefahr groß, aus einer mehrere Karten werden zu lassen. Man kann ohne Probleme die vier Wochen nach einem Kauf eintreffende Abrechnung eines Eurocard-Einkaufs mit einer Visacard bezahlen. Besondere Vorsicht ist vor allem bei Visa geboten: Hier muß der Kunde nur einen kleinen Prozentsatz der zugesandten Rechnung sofort begleichen, den Rest kann er dann auf Raten abzahlen. Die Zinsen sind jedoch bei Kreditkarten erheblich höher als bei Raten- oder Dispositionskrediten.

Die Rechnung für einen Kauf per Karte kommt immer erst einige Wochen später. So läßt sich, theoretisch betrachtet, ein Zinsgewinn machen.

Die Zinsen sind jedoch bei Kreditkarten erheblich höher als bei Raten- oder Dispositionskrediten

Interessant gestaltet sich eine ganz neue Entwicklung: Künftig gibt es eine Visa-Bahncard. Sie wird nicht mehr von der Deutschen Bahn AG (DBAG), sondern von der amerikanischen Citibank in Deutschland vermarktet. Warum diese Allianz, dieses sogenannte Co-Branding einer Bank und eines Großverkehrsunternehmens? Die Deutsche Bahn bekommt künftig die Bahncard mit Paßbild auf der Vorderseite, ein ganz erheblicher Vorteil für die Kontrolle, und sie muß sich nicht mehr um die Produktion und den Versand der über 3,1 Millionen Karten jährlich kümmern. Außerdem kassiert die Bahn noch Provisionen von der Bank.

Gleichzeitig kauft sich die Citibank über drei Millionen interessante Adressen von potentiellen Kunden ein. Die Bahncard ist für Vielfahrer gedacht. Zwar werden die echten Bahn-Kreditkarten auch nur bei entsprechender Bonität vergeben – alle anderen erhalten nur eine »Electron-

Guthaben-Karte«, die man »auftanken« muß, bevor mit ihr abgebucht werden kann. Minderjährige und Kunden, die dies auf keinen Fall wollen, erhalten natürlich eine reine Bahncard von der Citibank.

Die häufigste Ursache der Verschuldung stellt laut »Schuldenreport 1993« die PKW-Finanzierung dar. Da verwundert es nicht, daß die hauseigenen Automobil-Banken besondere Kredite anbieten. Was hat es mit den 2,9 Prozent-Angeboten der verschiedenen Automobil-Banken auf sich? Solche günstigen Kredite gibt es nur für bestimmte Modellreihen, die ansonsten schwer absetzbar sind. Will man das Modell haben, dann heißt es zugreifen – günstiger kann man nicht finanzieren. Aber sonst gilt es aufzupassen. Denn die »normalen« Konditionen der Autobanken sind nicht besser als etwa der Kredit von der Sparkasse um die Ecke. Aber mit dem Sparkassenkredit hat der Käufer Vorteile: Er tritt nämlich beim Autohändler als Barzahler auf und kann so einen Barzahlungspreisnachlaß aushandeln. Die ersten Tankfüllungen sind dann gratis.

In diesem Zusammenhang gewinnt auch das Leasing immer mehr an Bedeutung. Doch dieses lohnt sich in aller Regel nur für Geschäftsleute, die Leasingraten als Betriebsausgaben von der Steuer absetzen können; für Privatkunden hat es keine positiven Konsequenzen. Diesem sogenannten Mietkauf liegen zwei Vertragsvarianten zugrunde. In der einen wird die Kilometerzahl nicht vorgegeben, d. h., der Kunde kann fahren, soviel er will. Die Leasingraten richten sich allerdings nach dem Restwert, den das Auto nach Vertragsende bei einem Verkauf noch erzielt. Dieser Restwert wird durch die Leasinggeber gern zu hoch angesetzt und beim Verkauf längst nicht immer erreicht. Aber die monatlichen Raten können auf diese Weise niedrig gehalten werden. Nach den vereinbarten zwei bis drei

Denn die »normalen« Konditionen der Autobanken sind nicht besser als etwa der Kredit von der Sparkasse um die Ecke

Leasing lohnt sich in aller Regel nur für Geschäftsleute, die Leasingraten als Betriebsausgaben von der Steuer absetzen können; für Privatkunden hat es keine positiven Konsequenzen

Jahren Vertragsdauer ist dann allerdings eine dicke Nachzahlung fällig, denn der Kunde muß jetzt die Differenz zwischen angesetztem Restwert und erzieltem Verkaufspreis zahlen, und damit ist vielfach Ärger vorprogrammiert. In der anderen, weitaus häufigeren Variante wird Privatkunden ein Leasingvertrag mit einer 20 bis 30 prozentigen Anzahlung, einer zwei oder dreijährigen Vertragsdauer und einer limitierten Kilometerleistung angeboten. Wer weniger fährt, erhält eine Gutschrift, und wer mehr fährt, muß auch hier nachzahlen. Neben den laufenden Leasingraten sind natürlich auch alle anderen PKW-Unterhaltungskosten und häufig sogar vorgeschriebene Wartungsarbeiten in bestimmten Werkstätten zu begleichen. Und nach zwei oder drei Jahren steht man ohne Auto da. Die Stiftung Warentest zog folgendes Fazit für Privathaushalte: »Wer least, ist zu dumm zum Rechnen oder bekommt auf andere Weise keinen Kredit mehr.«

Auch Waren- und Versandhäuser fungieren heute als Kreditgeber: Sie offerieren beispielsweise Kundenkarten mit einem Limit bis zu 3.000 D-Mark, mit denen man aber nur bei diesem Unternehmen einkaufen kann, oder strecken die Frist für die Bezahlung auf mehrere Monate. Katalogpreise sind Ratenkaufpreise. Vorsicht ist durchweg geboten, wenn in Handelshäusern Kredite etwa zur Finanzierung von Möbeln vermittelt oder von Filialen einer (unbekannten) Bank eingerichtet werden. Meist bieten diese teurere Kredite an als die normalen Banken. Ein genauer Vergleich lohnt!

Besonders sei vor Kreditvermittlern gewarnt! Bei ihnen ist das Geld am teuersten. Sie stellen lediglich die Unterlagen für eine Kreditprüfung zusammen und reichen diese bei einer (meist teuren) Bank ein. Von dieser Bank kommt dann das Geld. Hierfür kassiert der Vermittler aber eine an-

»Wer least, ist zu dumm zum Rechnen oder bekommt auf andere Weise keinen Kredit mehr«

Besonders sei vor Kreditvermittlern gewarnt! Bei ihnen ist das Geld am teuersten.

sehnliche Provision. Da die Bank natürlich auch noch ihren Schnitt machen möchte, liegen diese Kredite höher als beispielsweise Darlehen der Sparkassen oder Genossenschaftsbanken.

Am Ende dieses Überblicks soll auf eine Branche hingewiesen werden, für die das Jahr 1994 sehr erfolgreich verlief: die Pfandhäuser. Hier kann alles einigermaßen Wertvolle, was ein Haushalt noch aufzubieten hat, beliehen werden: Unterhaltungselektronik, Schmuck, Teppiche, Uhren. Meist geht es um die Überbrückung eines kurzfristigen finanziellen Engpasses, denn die durchschnittliche Kreditsumme bewegt sich um 400 D-Mark. Zudem ist die Pfandleihe eine teure Kreditform und daher nicht zu empfehlen, da drei bis vier Prozent der Darlehenssumme pro Monat als Leihgebühr anfallen. Somit ist die (kontrollierte) Girokontoüberziehung allemal besser.

Zudem ist die Pfandleihe eine teure Kreditform und daher nicht zu empfehlen, da drei bis vier Prozent der Darlehenssumme pro Monat als Leihgebühr anfallen

Viele Haushalte können jedoch gar kein Konto überziehen, da sie keines haben. Schätzungen gehen davon aus, daß bis zu 500.000 Haushalte in Deutschland nicht über ein Girokonto verfügen. Die Kreditinstitute bemühen sich zu erklären, daß viele Haushalte gar kein Konto wollen. Aber ein Girokonto gilt heute als überlebenswichtig zur Abwicklung aller Zahlungsverpflichtungen. Aus Bankensicht ist es das »Fenster des Privathaushaltes«, durch das eine Bank sehr genaue Einblicke in das Leben des Kontoinhabers erhalten kann. Der Hauptgrund, warum so viele Bundesbürger kontolos leben müssen, liegt in der Kreditwirtschaft, die nicht mehr für jeden ein (kostenintensives) Girokonto führen will. Dies »lohnt« sich allein für profitable Kunden. Wer aber alle seine Zahlungsverpflichtungen bar am Postbank- oder Sparkassenschalter erledigen möchte, investiert eine Menge Zeit und Einzahlungsgebühren (nicht selten zehn D-Mark für

Schätzungen gehen davon aus, daß bis zu 500.000 Haushalte in Deutschland nicht über ein Girokonto verfügen

eine Transaktion!). Hier zahlen die Armen wieder einmal mehr. Außerdem belastet dieses Zahlungsverfahren die Öffentliche Hand – und damit den Steuerzahler – jährlich mit Millionenbeträgen, die aufgewandt werden müssen, um etwa Arbeitslosenhilfe, Renten oder Kindergeld zu ihren Empfängern gelangen zu lassen, wenn diese kein Konto besitzen.

So war es geradezu höchste Zeit, daß die Wohlfahrts- und Verbraucherverbände sowie die Bundesarbeitsgemeinschaft Schuldnerberatung in einer gemeinsamen Aktion das »Recht auf ein Girokonto« ins Leben gerufen haben. Die Geldbranche hat sehr clever darauf reagiert: Sie möchte im Rahmen einer freiwilligen Selbstverpflichtung künftig Girokonten auf Guthabenbasis für jeden Kunden, »mit dem es zumutbar ist«, führen. Durch diesen Schachzug soll einer drohenden Gesetzesinitiative in diesem Bereich zuvorgekommen werden.

Die Geldbranche möchte im Rahmen einer freiwilligen Selbstverpflichtung künftig Girokonten auf Guthabenbasis für jeden Kunden, »mit dem es zumutbar ist«, führen

Es bleibt noch nachzutragen, daß seit 1991 alle Kredit- und Leasinggeschäfte dem Verbraucherkreditgesetz unterliegen. Mit dieser Vorschrift hat der Bundesgesetzgeber die EG-Richtlinie zum Konsumentenkredit in nationales Recht umgesetzt. Das Verbraucherkreditgesetz enthält z. B. Regelungen über wichtige Formvorschriften, die richtige Angabe des effektiven Jahreszinses und Verzugsregelungen, wie etwa die Höhe von Verzugszinsen, die Banken verlangen können, wenn ein Kredit nicht ordnungsgemäß zurückgezahlt werden kann. Jetzt ist die Verzugszinshöhe an den Diskontsatz der Deutschen Bundesbank gekoppelt: Sie darf nur fünf Prozent über dem jeweiligen Diskontsatz liegen. Die Formel lautet: Diskontsatz + 5 Prozent = Verzugszinssatz für Kreditverträge.

→ Verbraucherkreditgesetz

Diskontsatz + 5 Prozent = Verzugszinssatz für Kreditverträge

Die höchsten Schulden sammelt ein Haushalt für die Finanzierung einer Immobilie an, denn selbst für eine kleine Eigentumswohnung blättert man schnell 300.000 D-Mark hin. Die wichtigste Finanzierungsform für Immobilien bilden die sogenannten Realkredite. Hierbei handelt es sich um alle Kreditformen, die durch eine Eintragung von Grundpfandrechten im Grundbuch »besichert« werden. Als die bekannteste Form gilt das Hypothekendarlehen. Dieses wird heute meist mit einer Grundschuld gesichert; ein Grundpfandrecht läßt man in der wichtigen Abteilung III im Grundbuch eintragen. Eine Grundschuld bleibt auch bei fortschreitender Tilgung bestehen. Nach Abtragung des Darlehens kann sie, ohne daß eine Neueintragung erforderlich wäre, als Sicherheit für ein neues Darlehen verwendet werden, z. B. für ein neues Dach am Haus nach 28 Jahren. Denn üblicherweise dauert es 25 bis 30 Jahre, bis ein solches Darlehen mit ein oder zwei Prozent Tilgung abgezahlt ist. Wichtig ist stets, die Zinsbindung festzulegen; bis zu zehn Jahre kann man meist einen Zinssatz festschreiben. Dies lohnt sich besonders dann, wenn man ein Darlehen in einer Niedrigzinsphase aufgenommen hat. Im Januar 1993 betrug der Zinssatz 8,33 Prozent; zwischendurch, im Januar 1994, sank er auf günstige 7,24 Prozent und im Januar 1995 stieg er auf 8,88 Prozent (jeweils zehnjährige Zinsbindung). Ein Unterschied von 1,5 Prozent macht bei 200.000 D-Mark Darlehenssumme immerhin 250 D-Mark im Monat aus. Wer hier eng kalkuliert, für den kann der Traum von den eigenen vier Wänden leicht zum Alptraum werden.

Der wichtigste Tip, wenn eine Immobilie finanziert werden muß, heißt: Genügend Eigenkapital muß vorhanden sein. Als Faustregel gilt, daß mindestens 20 Prozent als Eigenkapital existieren müssen.

Auf keinen Fall stellt die »Finanzierung aus einer Hand« immer die günstigste dar. Da es »Beleihungsgrenzen« gibt (eine Hypothekenbank darf

→ Realkredite

→ Hypothekendarlehen

Eine Grundschuld bleibt auch bei fortschreitender Tilgung bestehen

Wichtig ist stets, die Zinsbindung festzulegen

Der wichtigste Tip, wenn eine Immobilie finanziert werden muß, heißt: Genügend Eigenkapital muß vorhanden sein. Als Faustregel gilt, daß mindestens 20 Prozent als Eigenkapital existieren müssen.

→ Beleihungsgrenzen

keine 100-Prozent-Finanzierung für ein Eigenheim vornehmen, sondern darf z. B. nur ein Darlehen über 60 Prozent der benötigten Kreditsumme offerieren), hat man bei einer Immobilienfinanzierung stets mehrere Verbindlichkeiten im Grundbuch. Gern werden auch die Nebenkosten, etwa Grunderwerbssteuer, Notarkosten oder Bereitstellungszinsen, die dann vielfach erhoben werden, wenn ein bewilligtes Darlehen nicht fristgerecht abgerufen werden kann (Hypothekendarlehen werden je nach Baufortschritt stufenweise ausgezahlt), in der Kalkulation vergessen. Grundsätzlich bestehen bei einer Immobilienfinanzierung Verhandlungsspielräume, etwa über das sogenannte Disagio (auch Damnum genannt), das einen einmaligen Zinsvorschuß beinhaltet. Als Disagio wird die Differenz zwischen der nominellen Darlehenssumme und dem tatsächlich zur Auszahlung gelangten Betrag bezeichnet. Es wird das Nominaldarlehen (z. B. 100.000 D-Mark) verzinst und zurückgezahlt, aber es werden von der Bank nur 95.000 D-Mark ausgezahlt (Disagio: fünf Prozent). Die Banken ködern die Bauherren mit einem niedrigeren Zinssatz, wenn ein Disagio vereinbart wird. Häufig fährt man ohne Disagio besser (man braucht vermutlich ja auch die vollen 100.000 D-Mark) und kann dies auch »wegverhandeln«, wenn man sich auskennt. Deshalb sollte man sich im voraus unbedingt umfassend informieren, Vergleichsangebote einholen und genau nachrechnen.

Grundsätzlich bestehen bei einer Immobilienfinanzierung Verhandlungsspielräume

Als Disagio wird die Differenz zwischen der nominellen Darlehenssumme und dem tatsächlich zur Auszahlung gelangten Betrag bezeichnet

Deshalb sollte man sich im voraus unbedingt umfassend informieren, Vergleichsangebote einholen und genau nachrechnen

Reichtum verpflichtet zur Kreditvergabe

So paradox es klingen mag, wer sich heute mit der Schuldensituation in unserem Land beschäftigt, kommt nicht umhin, sich auch mit dem Reichtum auseinanderzusetzen. In 50 Friedensjahren haben die deutschen

Privathaushalte einen unvorstellbaren Besitz angesammelt: Rund 3,4 Billionen D-Mark betrug nach Angaben der Deutschen Bundesbank Ende 1994 das gesamte Geldanlagevermögen (z. B. Spareinlagen, Wertpapiere, Ansprüche an Pensionskassen und Lebensversicherungen, Bausparguthaben). Statistisch betrachtet verfügt damit jeder Haushalt durchschnittlich über ein Guthaben von rund 137.000 D-Mark. Diese Vermögenswerte sind allerdings höchst ungleich verteilt. Innerhalb Deutschlands besteht ebenfalls eine eklatantes Mißverhältnis: Etwa 40.000 D-Mark haben ostdeutsche Haushalte an Rücklagen und damit nur etwa soviel wie westdeutsche Haushalte vor 20 Jahren.

Statistisch betrachtet verfügt jeder Haushalt durchschnittlich über ein Guthaben von rund 137.000 D-Mark

In einem Jahr wuchs dieser gigantische »Reichtumsberg« um 221 Milliarden D-Mark real an, obwohl die Sparquote rückläufig war. Viele Haushalte können nichts mehr bzw. nur weniger als früher zurücklegen. Aber es gibt heute auch Haushalte, die ihre höchsten Jahreseinkünfte aus dem Vermögen, den Erträgen ihrer Geldanlagen, ziehen.

Für das angehäufte Geld in Deutschland werden Zinsen und Dividenden gezahlt. Allein 1993 wurden 170 Milliarden D-Mark an Zinsen gezahlt, d. h. rund 472 Millionen D-Mark pro Tag. Diese gigantische Summe, um die das angelegte Geld täglich anwächst, kommt ja irgendwo her. In unserem Geldkreislauf werden Zinsen üblicherweise durch Zinsen aufgebracht. Die Kreditwirtschaft muß also viele Darlehen zu relativ hohen Zinsen vergeben, um genug Geld zu erhalten, damit sie die (relativ) geringen Guthabenzinsen für das angelegte Geld zahlen kann. Daher ist es wichtig, daß genügend Kredite ausgegeben werden. Dabei spielt natürlich der private Haushalt eine wichtige Rolle, wenngleich sicher außer Frage steht, daß die Staatsverschuldung der Kreditwirtschaft natürlich die größ-

Allein 1993 wurden 170 Milliarden D-Mark an Zinsen gezahlt, d. h. rund 472 Millionen D-Mark pro Tag

ten Zinserträge beschert. »Die Herstellung der deutschen Einheit ist für den angespannten Kapitalmarkt geradezu ein Glücksfall gewesen, ist doch auf Jahre hinaus die rentierliche Verzinsung von Geldkapital gesichert, das sonst nur schwer eine Realverzinsung gefunden hätte«, stellte Ernst Ulrich Huster in seinem Buch über den »Reichtum in Deutschland« treffend fest.

Die Zinseinnahmen aus den Staatsschulden und aus dem Privatkundengeschäft benötigt man also, um den Reichtum der Deutschen und der Industrie – hier liegen zwar »nur« 340 Milliarden D-Mark – zu amortisieren. Der Kreditbedarf der Wirtschaftsunternehmen ist nämlich schon seit geraumer Zeit rückläufig, so daß neue Marktsegmente erschlossen werden müssen. Dies erklärt auch das aggressive Kredit-Marketing der Finanzdienstleistungsunternehmen, mit dem um den privaten Kunden gebuhlt wird.

Kreditaufnahme – wann und wofür?

Hinter dem Wort Kredit verbirgt sich Vertrauen (lat.: credere). Doch allein auf Vertrauen wird heute niemand ein Darlehen erhalten. Und so steht vor jeder Kreditvergabe eine Kreditwürdigkeitsprüfung. Hier geht es aus der Sicht der Gläubiger darum, die Rückzahlungswahrscheinlichkeit des Schuldners zu prognostizieren und seine objektiven Leistungsmöglichkeiten zu ermitteln. So untersucht man beispielsweise, in welcher Branche der künftige Kreditnehmer tätig ist. Bei kriselnden Bereichen wird lieber die Laufzeit und damit die Kredithöhe niedriger angesetzt. Immer mehr Kreditinstitute gehen dazu über, mit komplizierten Scoring-Systemen – das sind mathematische Beurteilungshilfen, die aus mehreren Hunderttausend abgewickelter und ausgewerteter Kreditverträge gebildet wur-

»Die Herstellung der deutschen Einheit ist für den angespannten Kapitalmarkt geradezu ein Glücksfall gewesen, ist doch auf Jahre hinaus die rentierliche Verzinsung von Geldkapital gesichert, das sonst nur schwer eine Realverzinsung gefunden hätte«

Ernst Ulrich Huster

Immer mehr Kreditinstitute gehen dazu über, mit komplizierten Scoring-Systemen – das sind mathematische Beurteilungshilfen, die aus mehreren Hunderttausend abgewickelter und ausgewerteter Kreditverträge gebildet wurden – ihren Kreditsachbearbeitern Entscheidungshilfen für die Darlehensgewährung an die Hand zu geben

den – ihren Kreditsachbearbeitern Entscheidungshilfen für die Darlehensgewährung an die Hand zu geben. Natürlich spielt auch die SCHUFA-Auskunft eine bedeutende Rolle. Die »Schutzgemeinschaft für allgemeine Kreditsicherung« ist die größte deutsche Auskunftei: In acht rechtlich selbständigen Gesellschaften, die in der Bundes-SCHUFA, einem eingetragenen Verein in Wiesbaden, zusammengeschlossen sind, werden millionenfach für Kreditgeber relevante Daten gespeichert. Die SCHUFA »lebt« primär von den eingespeisten Daten ihrer Mitglieder, mit denen ein Nutzungsvertrag besteht, und von den frei zugänglichen sonstigen Datensammlungen. Die Informationen werden auch nur an Mitglieder ausgegeben. Aufgrund der Bestimmungen des Bundesdatenschutzgesetzes hat allerdings jeder das Recht, eine Selbstauskunft von seiner zuständigen SCHUFA-Geschäftsstelle anzufordern oder dort seine Daten einzusehen. Gespeichert werden übrigens nicht nur Negativmerkmale, sondern auch z. B. ein ordnungsgemäß zurückgezahlter Kredit.

Zur Prüfung der objektiven Möglichkeiten der Rückzahlungsfähigkeit gehört insbesondere die Feststellung, ob monatlich die Raten aufgebracht werden können. Hier wird eine Gegenüberstellung der Einnahmen und der monatlichen Ausgaben vorgenommen und so festgestellt, ob überhaupt ein Rest, der wenigstens der Monatsrate entspricht, übrig bleibt. Trotz aller Prüfungen kann keine Bank verhindern, daß bei zehn bis 30 Fällen pro Tausend etwas schiefgeht.

Viele Geldhäuser erfragen auch noch, außer beim allgemein eingeräumten Dispo-Kredit, für welchen Zweck das Geld benötigt wird. An vorderster Stelle rangiert die Finanzierung langlebiger Konsumgüter: Autos, Möbel, Unterhaltungselektronik, aber auch Umzug und die Wohnungs-

Die »Schutzgemeinschaft für allgemeine Kreditsicherung« ist die größte deutsche Auskunftei

→ Bundesdatenschutzgesetz

An vorderster Stelle rangiert die Finanzierung langlebiger Konsumgüter

renovierung spielen eine große Rolle. Zunehmend finanzieren die Deutschen ihre Reisen ebenfalls, indem sie Schulden machen. Ein auffallend hoher Anteil von Krediten dient jedoch dazu, andere Kredite zu bezahlen. Diese Umschuldungen machen über ein Drittel aller Neukredite aus. Recht häufig werden immer noch wirtschaftlich unsinnige Umschuldungen durchgeführt. Ein Beispiel möge dies verdeutlichen: Ein Haushalt hat bei einer Großbank einen Ratenkredit. Ein neuer, kleinerer Konsumwunsch taucht auf. Die Finanzierung dieses Begehrens lehnt die Bank unter Hinweis auf den bestehenden Kredit und den ausgeschöpften Finanzrahmen des Haushaltes ab. Pikiert wenden sich die Kreditsuchenden jetzt an eine andere Bank; diese signalisiert, daß der neue Finanzierungswunsch bedient werden kann. Jedoch müssen sie eine Bedingung erfüllen: Der Altkredit bei der günstigen Großbank muß »abgelöst« werden. Am Ende stellt sich der neue, kleine Kreditwunsch dieses Haushaltes als teurer Spaß heraus. Für einen neuen Kredit von 4.000 D-Mark müssen jetzt, mit neuer Bearbeitungs- und sonstigen Gebühren versehen sowie mit höheren Zinsen berechnet, 15.000 D-Mark gezahlt werden. Davon sind 8.000 D-Mark Restkredit der preiswerteren Großbank und eben sämtliche Kosten des neuen Gesamtkredites. Umschuldungen lohnen sich nur, wenn von einem »teuren« in einen preiswerten Kredit umgeschuldet wird – andersherum nie!

Bisher war immer nur die Rede von Verschuldung, d.h. eine grundsätzlich »normale« und nicht kritische Situation. Jeder, der sein Girokonto überzogen hat, ist verschuldet. Kritisch wird es erst, wenn aus einer Verschuldung eine Überschuldung wird. Bei der Verschuldung können die eingegangenen Verpflichtungen bedient werden, es bleibt jedoch ge-

Recht häufig werden immer noch wirtschaftlich unsinnige Umschuldungen durchgeführt

Umschuldungen lohnen sich nur, wenn von einem »teuren« in einen preiswerten Kredit umgeschuldet wird – andersherum nie!

Kritisch wird es erst, wenn aus einer Verschuldung eine Überschuldung wird

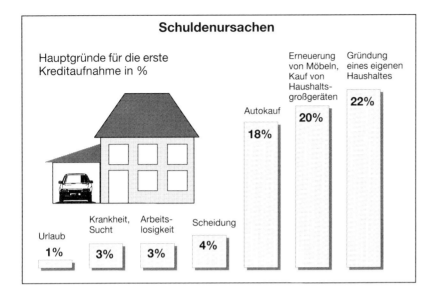

nügend Geld übrig, um den sonstigen Lebensunterhalt einschließlich der Miete zu bestreiten. Die Haushaltswissenschaften geben als Richtschnur einen Wert von 20 Prozent des gesamten Privathaushaltbudgets vor, den alle Ratenbelastungen nicht überschreiten sollten. Von Überschuldung spricht man, wenn ein Haushalt den eingegangenen Schuldverpflichtungen nicht mehr nachkommen kann, also Abzahlungen an Gläubiger einstellen muß, weil sonst kein Geld zum Leben mehr vorhanden wäre.

Die einschlägigen wissenschaftlichen Untersuchungen haben übereinstimmend ergeben, daß im Regelfall ein »kritisches Lebensereignis« die Hauptursache für den Eintritt des Insolvenzfalles war. An erster Stelle steht die Arbeitslosigkeit, gefolgt von Scheidung/Trennung und Krankheit. Ein Arbeitslosenhaushalt muß etwa einen Einkommensrückgang um die Hälfte

Der Schuldenberg der Verbraucher in Deutschland steigt ständig. So lag Ende 1993 die Summe der aufgenommenen Ratenkredite bei 155 Milliarden D-Mark. Nach einer Auswertung der Verbraucherzentrale in Nordrhein-Westfalen ist der häufigste Anlaß für die erste Kreditaufnahme die Gründung eines eigenen Haushaltes (22 Prozent). Als weitere, wichtige Gründe werden die Anschaffung von Möbeln und Haushaltsgroßgeräten (20 Prozent) sowie der Autokauf (18 Prozent) genannt. Finanzielle Engpässe, wie sie z. B. durch Verlust des Arbeitsplatzes entstehen können, führen jedoch weniger zu einer ersten Schuldenaufnahme. Dagegen sind laut einer Erhebung in diesen Beratungsstellen die häufigsten Ursachen, eine Schuldnerberatungsstelle aufzusuchen, die Ver- oder Überschuldung durch Arbeitslosigkeit und die finanziellen Probleme, die durch Scheidung entstehen können.

Ministerium für Arbeit, Gesundheit und Soziales in Nordrhein-Westfalen, Verbraucherzentrale

Von Überschuldung spricht man, wenn ein Haushalt den eingegangenen Schuldverpflichtungen nicht mehr nachkommen kann, also Abzahlungen an Gläubiger einstellen muß, weil sonst kein Geld zum Leben mehr vorhanden wäre

verkraften, gemessen an dem, was ihm zur Verfügung stand, als noch Lohneinkünfte aufs Konto flossen. Da wird die Überlebensorganisation schon zu einem schweren Stück Arbeit: Die Leistungen des Arbeitsamtes werden vierzehntägig gezahlt, aber laufende Verpflichtungen, etwa die Miete, müssen weiterhin monatlich erfüllt werden. Für den Schuldabtrag bleibt vielen Erwerbslosen nichts mehr übrig.

Für den Schuldabtrag bleibt vielen Erwerbslosen nichts mehr übrig

Auch die Trennung einer Lebensgemeinschaft ist immer mit erheblichen Kosten verbunden. Aus einem Haushalt werden zwei, Unterhalt muß gezahlt werden, Rechtsanwalts- und Gerichtskosten tun ein übriges. Auch wenn ein Arbeitnehmer für längere Zeit ernstlich erkrankt und von Krankengeldzahlungen leben muß, kann dieser Einkommensrückgang zur Überschuldung führen, da längst nicht jeder kreditnehmende Haushalt für solche Fälle finanzielle Rücklagen bilden konnte. Außerdem gibt es eine beträchtliche Anzahl von Haushalten, die ohnehin mit einem Niedrigeinkommen auskommen müssen. Tritt hier eine finanzielle Verschiebung auf, so gerät das Budget schnell in eine gefährliche Schieflage – mit allen negativen Folgen. Es wird von Krisen- oder Armutsschuldnern gesprochen.

Zuerst kommen Mahnungen, aber der Schuldner hat kein Geld zum Bezahlen, fühlt sich eingeschüchtert und läßt die Beitreibungsmaschinerie der Gläubiger über sich hinweg ziehen (siehe Seite 96 ff.). Es dauert nicht mehr lange und der erste »blaue Brief« vom Amtsgericht steckt im Briefkasten: zuerst ein Mahnbescheid, einige Zeit später der Vollstreckungsbescheid. Und dann klingelt es an der Tür – der Gerichtsvollzieher kommt zum Pfänden! Er wird noch öfter klingeln. Auch Besuche von Außendienstmitarbeitern der Inkassounternehmen stehen an. Dies sind kommerzielle Geldeintreibungsfirmen, die derzeit gerade einen Boom erleben. Das

Inkassounternehmen sind kommerzielle Geldeintreibungsfirmen, die derzeit gerade einen Boom erleben

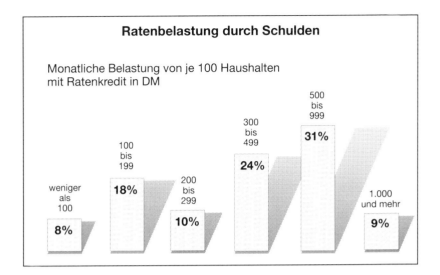

größte deutsche Inkassounternehmen in Hamburg verfolgt insgesamt über 1,2 Millionen Einzelforderungen. Zunehmend mehr Wirtschaftsunternehmen, darunter auch honorige Sparkassen oder etwa die Postbank, gehen dazu über, ihre Außenstände extern eintreiben zu lassen.

Derjenige, der Schulden hat, dem wird immer mehr aufgeladen. Jede Aktion eines Gläubigers ist mit Kosten verbunden, etwa Mahnkosten, Gerichtskosten, Gerichtsvollziehergebühren, Auskunftsgebühren und Verzugszinsen. Zwar muß ein Gläubiger alle Kosten erst einmal vorfinanzieren, aber sie werden dem Schuldnerkonto angelastet und schließlich wieder hereingeholt, etwa durch eine Lohnpfändung.

Mindestens 4,5 Prozent aller Haushalte in Deutschland sind überschuldet. Selbst der Deutsche Sparkassen- und Giroverband geht von rund 1,6 Millionen überschuldeten Haushalten in Ost und West aus. In Schuldnerberatungskreisen schätzt man diese jedoch auf über zwei Millionen.

Nachdem oftmals das bestehende Guthaben und das Ersparte nicht ausreichen, um bestimmte Anschaffungen zu tätigen, nehmen viele Bundesbürger einen Kredit bei der Bank oder Sparkasse auf. Nach statistischen Angaben der Bundesbank aus dem Jahr 1991 lagen die Schulden der westdeutschen Verbraucher gegenüber den Kreditinstituten bei 288 Milliarden D-Mark; in den neuen Bundesländern belief sich im selben Jahr die Kreditaufnahme auf sechs Milliarden D-Mark. Erhebungen des Beratungsdienstes der Sparkassen zeigen das Ausmaß der Schuldenbelastung: Über 1.000 D-Mark muß jeder elfte Schuldner monatlich an Kreditraten zurückzahlen, und zwischen 500 und 1.000 D-Mark hat jeder dritte Kreditnehmer an Belastungen pro Monat.
Beratungsdienst der Sparkassen

Jede Aktion eines Gläubigers ist mit Kosten verbunden, etwa Mahnkosten, Gerichtskosten, Gerichtsvollziehergebühren, Auskunftsgebühren und Verzugszinsen

Mindestens 4,5 Prozent aller Haushalte in Deutschland sind überschuldet

In unserer Kreditgesellschaft hat sich die Schuldnerberatung als soziale Dienstleistung zur Hilfestellung bei »Kreditunfällen« entwickelt.

Wenn es in einer Schuldnerberatung gut läuft, kann es gelingen, ein Gutteil der Schulden zurückzuführen. Meist müssen Gläubiger in diesen Fällen Nachlässe gewähren und so ihrerseits dazu beitragen, Lebensperspektiven zu eröffnen und einen Neustart mündiger Konsumenten zu ermöglichen. Für Schuldner bedeutet dies oft einen harten, langen und entbehrungsreichen Weg. Aber dies ist nicht immer möglich. Manches Mal liegen die Verbindlichkeiten so hoch und das Einkommen so niedrig, daß bei aller Sachkenntnis keine Tilgungsperspektiven entwickelt werden können. Dann hat der Schuldnerberater die Aufgabe mitzuhelfen, ein Leben mit den Schulden zu organisieren, ohne daß ein Schuldner von seinen Krediten »erdrückt« wird und daß ihm Luft zum Leben bleibt.

Die meisten Schuldnerberatungsstellen sind im Bereich der Sozialarbeit, bei Wohlfahrtsverbänden, Vereinen oder Sozialbehörden angesiedelt. Der Grund liegt auf der Hand: Die Ver- und Überschuldung bringt weitere, meist schwerwiegende soziale Probleme und Belastungen mit sich.

Jeder, der Schulden hat, denen keine adäquaten liquiden Mittel (Geldanlage) oder im Ernstfall zu versilbernde Sachwerte gegenüberstehen, muß sich klar darüber sein, daß auch er in eine Überschuldung geraten kann, wenn ihm ein kritisches Lebensereignis widerfährt. Und wer kann dies wirklich ausschließen?

Je öfter die Kreditaufnahme ab der Volljährigkeit (und für einige Kinder verbotenerweise bekanntlich auch schon früher) verläuft, um so größer wird auch die Gefahr, sich im Wirrwarr der ausgestellten Schecks, der quittierten Kreditkartenbons und aller Kreditverträge zu verzetteln.

In unserer Kreditgesellschaft hat sich die Schuldnerberatung als soziale Dienstleistung zur Hilfestellung bei »Kreditunfällen« entwickelt

Nachdem der Konsum auf Kredit laufend zunimmt, wächst auch zwangsläufig die Gefahr einer steigenden Überschuldung aufgrund des nie auszuschließenden »Restrisikos«. Kreditgeber sind hier gefordert, durch besonderes Augenmerk dazu beizutragen, die Balance zwischen Ver- und Überschuldung nicht zu verlieren. Ferner hat der Gesetzgeber dafür Sorge zu tragen, daß ein überschuldeter Haushalt stets eine klare Perspektive für einen Ausweg aus dem »modernen Schuldturm« erhält. Das Verbraucherkreditgesetz und die ab 1999 inkrafttretende Insolvenzordnung (siehe Seite 110f.) sind – vielleicht nicht immer sonderlich geglückte – Beispiele für notwendige gesetzgeberische Maßnahmen, um auch Verbrauchern und (überschuldeten) Schuldnern Rechte und Perspektiven einzuräumen.

→ Insolvenzordnung

Kredit 2000 – ein Ausblick

Neue Begriffe beherrschen zunehmend das Terrain in der Finanzwelt: Finanzdienstleistungen, Allfinanzlösungen, Electronic Cash, Home- und Telefonbanking. Hinter all diesem Fachvokabular steht eine bestimmte Marketingstrategie, das »Cross selling«. Was verbirgt sich nun hinter diesem Wort? Es geht darum, eine »Teilkundenbeziehung« in eine Vollkundenbeziehung« zu verwandeln. Der Kunde soll also sämtliche Finanzdienstleistungsangebote – Geldgeschäfte (Zahlungsverkehr, Geldanlage, Finanzierungen, Bausparen und Baufinanzierung), Versicherungen, Leasing – über ein Institut abwickeln. Mit Hilfe sogenannter Kundenkalkulationen wird versucht zu prognostizieren, für was ein Kunde noch gut ist und was ihm noch verkauft werden könnte.

→ Cross selling

Die klassische Trennung von Geld- und Versicherungsgeschäften verwischt immer mehr, da Allfinanzlösungen allenthalben angeboten werden.

Die klassische Trennung von Geld- und Versicherungsgeschäften verwischt immer mehr, da Allfinanzlösungen allenthalben angeboten werden

Jede Bank und Sparkasse offeriert heute auch Versicherungsleistungen. Entweder werden sie an Partnergesellschaften gegen Provision vermittelt oder, weitaus häufiger, vom hauseigenen Tochterunternehmen abgewickelt. Dieser Markt ist aber nicht beliebig erweiterbar. Jeder braucht im Regelfall alle Finanzangebote nur jeweils einmal. Zudem verfügt die Bundesrepublik über eines der engsten Bankfilialnetze der Welt; auf rund 1.500 Einwohner kommt eine Bankstelle. Der Kampf um neue Kunden beginnt in der »embryonalen Phase«. Denn noch immer zeichnen sich die Deutschen durch eine enorme Treue zu ihrem einmal gewählten Geldinstitut aus.

Zudem verfügt die Bundesrepublik über eines der engsten Bankfilialnetze der Welt; auf rund 1.500 Einwohner kommt eine Bankstelle

In der Bundesrepublik gibt es noch fast 3.900 Kreditinstitute mit rund 48.700 Zweigstellen, also annähernd 52.600 Bankstellen insgesamt. Es bestehen allein 2.660 rechtlich selbständige Kreditgenossenschaften und über 600 Sparkassen in Deutschland. Diese Bankenlandschaft wird sich zukünftig in auffälliger Weise lichten, da eine drastische Zweigstellenreduzierung, einhergehend mit einem deutlichen Personalabbau im Bank- und Sparkassenbereich, vorgesehen ist.

Wie wird das Finanzdienstleistungsgeschäft der Zukunft funktionieren? Wie regelt der Kunde seine Bankgeschäfte, wenn die Anzahl der Filialen drastisch schrumpft, gerade im ländlichen Bereich? Lean banking ist angesagt. Aber wie sichert die »verschlankte« Bank den Kontakt zu ihren Kunden? Den elektronischen Medien fällt künftig eine zentrale Rolle zu. Homebanking wird enorm an Bedeutung gewinnen. Die Verbindung über Datex J oder BTX-Anschluß mit einem privaten Personal Computer ist derzeit eher noch eine Sache für Privilegierte, diese »elektronische Verkabelung« wird sich jedoch rasch weiterentwickeln. Auch durch den zu-

Homebanking wird enorm an Bedeutung gewinnen

nehmenden Einsatz von Glasfaserkabeln, mit denen private Anbieter unsere Republik vernetzen werden. Da der Einstieg in die neuen Medien erhebliche Investitionen erfordert, ist es eben andererseits unumgänglich, Einsparungen wie Filial- und Personalabbau vorzunehmen, zumal auch immer mehr Nicht-Banken, vornehmlich der Assekuranzbranche, in den klassischen banknahen Bereich einsteigen. Künftig geht der Kunde nicht zur Bank, sondern holt sie zu sich nach Hause.

Künftig geht der Kunde nicht zur Bank, sondern holt sie zu sich nach Hause

Auch der EU-Binnenmarkt verändert die Angebotsstruktur im Finanzdienstleistungsbereich: Künftig drängen verstärkt europäische Anbieter auf den deutschen Markt. Was jetzt noch futuristisch klingt, wird irgendwann Normalität sein: Jemand nimmt z. B. für die Finanzierung seiner Eigentumswohnung eine belgische Hypothek auf, da sie günstiger ist als die deutsche. Der europäisierte Markt gestaltet sich mit Sicherheit undurchsichtiger, und die Verbraucher werden es zunehmend schwerer haben, sich zurechtzufinden, um das günstigste Angebot zu erhaschen.

Das Bild von Bank- und Sparkassenfilialen wird sich grundlegend ändern. Dort, wo uns heute noch freundliche Mitarbeiterinnen anlächeln, stehen schon bald Apparate, die in der Lage sind, die Routinegeldgeschäfte zu erledigen, wie Geld aus- und einzahlen, Überweisungen vornehmen, Daueraufträge ändern und neue Scheckvordrucke ausgeben. Dieser entpersönlichte Service besteht rund um die Uhr, aber nur dort, wo sich selbst diese kostengünstigen Automatenfilialen noch für die Geldwirtschaft lohnen. Arme Stadtteile werden ausgesondert, die dortigen Geschäftsstellen passen nicht in die Profit Center Ideologie der Banker.

Das Bild von Bank- und Sparkassenfilialen wird sich grundlegend ändern

3. ZUSCHAUER SCHREIBEN AN HANS MEISER

Marlies G. aus C.
Die Bank war vernünftigen Argumenten nicht mehr zugänglich

Mein Ehemann und ich bauten 1980 ein Haus in T., das wir im Februar 1987 durch Zwangsvollstreckung verloren haben. Durch diese Zwangsvollstreckung sind uns immense Schulden entstanden, die sich im Laufe der letzten acht Jahre durch Zinsen und Zinseszinsen auf über 200.000 D-Mark verdoppelt haben. Wir bezahlen monatlich nur für das verlorengegangene Haus rund 1.000 D-Mark, hinzu kommen noch Kredite, die wir wegen dieser Schulden aufnehmen mußten, mit ca. 800 D-Mark monatlich.

→ Zwangsvollstreckung

Die Schuldenverteilung sieht bei uns folgendermaßen aus:
X-Bank mit ca. 140.000 D-Mark
Y-Bank mit ca. 30.000 D-Mark
Z-Bank mit ca. 81.000 D-Mark
Landestreuhandstelle mit ca. 15.000 D-Mark
Q-Bank mit ca. 12.000 D-Mark

Die Zwangsversteigerung hatte seinerzeit die Y-Bank betrieben, bei der ich noch ein halbes Jahr nach der Geburt meiner jüngsten Tochter angestellt war. Ich bekam zum Bau des Hauses einen zinsgünstigen Personalkredit, der mir jedoch im November 1984 – nachdem ich die Arbeit wegen meiner Kinder aufgeben mußte – gekündigt wurde. Auch die Bitte um eine Umfinanzierung mit normalen Zinssätzen wurde mir – ohne Angabe von

Ich bekam zum Bau des Hauses einen zinsgünstigen Personalkredit, der mir jedoch im November 1984 – nachdem ich die Arbeit wegen meiner Kinder aufgeben mußte – gekündigt wurde

Gründen – nicht gewährt. Ein halbes Jahr später betrieb die Y-Bank die Zwangsvollstreckung, bei der sich auch die anderen Banken »einklinkten«. Begründet wurde uns seitens der Bank immer wieder, durch die damalige Ausbildung meines Mannes wären wir finanziell nicht in der Lage, das Haus zu halten. Mein Mann beendete jedoch Ende 1985 seine Ausbildung und wurde auch sofort Ende Dezember vom Senat in H. zuerst als Angestellter, später als Beamter auf Lebenszeit übernommen. Mein Ehemann ist inzwischen im mittleren Dienst bei der Innenbehörde des Landes B. beschäftigt.

Auch ich erhielt Mitte 1985 wieder eine Halbtagsstellung, so daß die Argumente, wir könnten das Haus finanziell monatlich nicht tragen, nicht mehr zogen. Aber die Y-Bank und auch die X-Bank hatten »Blut geleckt« und waren vernünftigen Argumenten nicht mehr zugänglich.

Vielleicht können Sie mir ja einen Tip geben, wie wir aus unserer Schuldenmisere, die sich im Laufe der Jahre immer mehr aufgehäuft hat, herauskommen. Vielleicht kommt uns ja das neue Schuldenerlaßgesetz, das allerdings erst im nächsten Jahr zum Tragen kommt, zugute.

Herr W. aus O.
Die Bank machte falsche Angaben

Ich habe im August 1985 bei der Y-Bank in O. einen Kredit von 40.000 D-Mark aufgenommen, bei einer Ratenzahlung von 660 D-Mark monatlich wäre ich in 72 Monaten fertig gewesen. Um früher fertig zu sein, habe ich 900 D-Mark zurückgezahlt. Leider war dies eine falsche Angabe. Ich habe von 1985 bis 1995 schon fast 85.000 D-Mark zurückgezahlt und habe immer noch eine Summe von 18.000 D-Mark zu zahlen. Ich habe schon mit

Um früher fertig zu sein, habe ich 900 D-Mark zurückgezahlt

der Bank ein Gespräch geführt, leider ohne Erfolg. Ich bin nun Rentner mit einem Einkommen von 1.450 D-Mark, meine Frau ist arbeitslos mit einem Einkommen von 600 D-Mark. Leider weiß ich nicht, wie ich den Rest zurückzahlen soll. Es vergeht fast kein Monat, in dem mein Konto nicht überzogen ist, weil ich zu viele Ausgaben habe.

Angelika und Rudolf M. aus S.
Wir möchten die fast kriminellen Machenschaften von Banken publik machen

Unsere Existenz wurde zwar nicht vernichtet, und wir sind auch nicht hoffnungslos überschuldet, verloren aber 62.000 D-Mark durch die verschleppte Bearbeitung der Y-Sparkasse bei einem Existenzgründungsversuch.

Wir beabsichtigten am See in S. eine Weinstube mit Ferienappartements zu errichten. Hierzu beantragten wir einen ERP-Kredit (European Recovery Program) in Höhe von 730.000 D-Mark. Die Y-Sparkasse benötigte insgesamt sieben Monate zur Kreditbearbeitung. Innerhalb dieser Zeit erhöhten sich die Zinsen für den ERP-Kredit um 0,5 Prozent, die Bau- und Einrichtungspreise um acht bis zehn Prozent, so daß wir ca. 200.000 D-Mark nachfinanzieren sollten. Unsere Renditenberechnung ergab einen Abfall unter drei Prozent, so daß wir unser Vorhaben aufgeben mußten. Die entstandenen Kosten ergaben sich aus:

→ ERP-Kredit

Architektenleistungen	30.000 D-Mark
Notar- und Grundbuchkosten	2.000 D-Mark
Grunderwerbssteuer	5.000 D-Mark
Auszugsabfindung für Mieter	25.000 D-Mark

Bei uns war auch der Fall, daß wir ein vorgeschlagenes Konzept der Y-Sparkasse nicht akzeptierten, wir wären sonst innerhalb von zwei Jahren pleite gegangen (Nachweis durch Unternehmensberater). Die Auszugsabfindung entstand durch den Verkauf eines vermieteten Zweifamilienhauses. Eine Mietpartei forderte ohne Aufwandsnachweis oder Kostenerklärung eine Abfindung für den Ausstieg aus dem bestehenden Mietverhältnis in Höhe von 25.000 D-Mark. Wir mußten feststellen, daß es für solche willkürlichen Forderungen keinerlei Regelungen oder Richtlinien gibt. Die gibt es nur für Mieter, nicht für Vermieter. Mittlerweile haben wir uns umorientiert und betrachten diese Sache als negative Lebenserfahrung.

Es geht uns mit diesem Schreiben darum, die fast kriminellen Machenschaften von Banken publik zu machen sowie die Hilflosigkeit von Vermietern im Umgang mit ihren Mietern aufzuzeigen.

Astrid und Torsten B. aus S.
Unsere jüngste Tochter war angeblich nicht in die Finanzierung eingeplant

Seit einem Jahr versuchen wir, unser Problem an die Öffentlichkeit zu bringen, bisher ohne Erfolg.

Auch wir sind durch Lügen und Falschberatungen unseres Finanzberaters Herrn Rüdiger F. und der X-Bank in den Ruin getrieben worden. Wir sind auch bei anderen Stellen, z. B. bei anderen Banken (Umschuldung) und dem Bundesaufsichtsamt angelaufen, aber alles ohne Erfolg. Selbst unser Rechtsanwalt, den wir eingeschaltet haben, kann uns nicht mehr weiterhelfen. Keiner kann und will mit dieser Sache etwas zu tun haben, alle schlagen nur die Hände über dem Kopf zusammen und sind der Meinung, daß diesen Leuten das Handwerk gelegt werden muß. Wir sind einem Betrüger in die Hände gefallen.

1989 sind wir aus der damaligen DDR übergesiedelt und haben Herrn F. kennengelernt. In allen Dingen, die man für den Anfang neu braucht, erklärte er sich bereit, uns zu unterstützen und alle Formalitäten zu erledigen.

Zwei Jahre später machte er uns den Vorschlag, ein Haus in B. zum Preis von 550.000 D-Mark zu kaufen. Da uns aber die finanziellen Mittel fehlten, lehnten wir immer ab. Immer wieder machte er uns diesen Hauskauf schmackhaft, stellte zusammen mit meinem Mann Finanzierungspläne auf, bis wir dann doch zustimmten. Zu diesem Zeitpunkt hatten wir einen fünfjährigen Sohn. Weshalb Herr F. mit dem Leiter der Y-Bank angeblich persönlich gesprochen habe und dieses mit scheinbarem Erfolg.

Zwei Jahre später machte er uns den Vorschlag, ein Haus in B. zum Preis von 550.000 D-Mark zu kaufen

Als sich nach Monaten bezüglich der Y-Gelder immer noch nichts getan hatte, setzten wir uns mit der Hauptzentrale in Verbindung, aber keiner kannte Herrn F., noch bestand ein Vertrag. Auch bis heute erhielten wir keine dieser Gelder. Plötzlich ließ das Interesse des Herrn F. an der Finanzierung nach, so daß wir uns selbst um die Finanzierung kümmern mußten. Laut der Aufstellung von Herrn F. sollten wir monatlich 4.000 D-Mark an die Bank abtragen, in der Annahme, daß dies Zins und Tilgung beinhaltet. Die 4.000 D-Mark setzten sich wie folgt zusammen:

Plötzlich ließ das Interesse des Herrn F. an der Finanzierung nach

– 1.600 D-Mark Mieteinnahmen
– die restlichen 2.400 D-Mark müssen wir vom Lohn meines Mannes, der zu diesem Zeitpunkt 3.200 D-Mark betrug, von meinem Lohn (1.200 D-Mark) und dem Kindergeld von damals 150 D-Mark bezahlen.

Mittlerweile hatten wir unser zweites Kind, eine Tochter. Dadurch war es mir nicht mehr möglich, eine Ganztagsstelle auszufüllen.

Anfang des Jahres 1994 erhielten wir von der Y-Bank die Aufforderung, 150.000 D-Mark sofort zu bezahlen. Wir fragten uns, was dies für 150.000 D-Mark sind. Nach gewissen Nachforschungen stellten wir fest, daß Herr F. bei einem Besuch in H. (DDR) ein Grundstück meiner Schwiegermutter einfach mit 150.000 D-Mark in die Finanzierung eingebaut hatte. Obwohl der Bürgermeister von H. uns unter mehreren Zeugen in Gegenwart von Herrn F. mitgeteilt hat, daß dieses Grundstück nie Bauland werden würde, da ein Waldbestand darauf steht und deshalb der Grundstückspreis nicht höher als zwei D-Mark pro Quadratmeter steigen kann.

Nicht nur wir wurden von Herrn F. über's Ohr gehauen, sondern auch meine Schwiegereltern, die sich damals bereit erklärten, eine Grundschuld von 80.000 D-Mark auf ihr Haus eintragen zu lassen, in der Annahme, das Grundstück in H. würde nicht in die Finanzierung mit einbezogen.

Herr F. ließ sich eine Selbstauskunft von meinen Schwiegereltern unterschreiben, ohne diese hierüber aufzuklären. Nun schrieb die X-Bank meinen Schwiegereltern einen Brief, der besagte, daß im Falle unserer Zahlungsunfähigkeit sie die hohen Zahlungen fortsetzen müssen.

Heute bezieht mein Schwiegervater die Mindestrente, meine Schwiegermutter ist zwar berufstätig, hat aber nur einen Stundenlohn von acht D-Mark. Wie soll es also meinen Schwiegereltern möglich sein, bei einer Zahlungsunfähigkeit unsererseits für diese Unsummen aufzukommen?! Hätten wir gewußt, daß Herr F. uns so belügt, betrügt und sich nur an uns bereichert, hätten wir von dieser Finanzierung abgesehen. Bereichert hat sich Herr F. wie folgt:

Nicht nur wir wurden von Herrn F. über's Ohr gehauen, sondern auch meine Schwiegereltern

- 38.000 D-Mark Maklergebühren
- Abschluß von vier Bausparverträgen in Höhe von insgesamt 548.000 D-Mark. Der Vertrag zu 500.000 D-Mark, zu 10.000 D-Mark und 5.000 D-Mark wurden dann nach einem Jahr wieder von Herrn F. gekündigt. Jedoch erst nach einem Jahr Einzahlung, so behielt er die einbezahlten Beträge als Provision der Bausparkasse. Dies ist etwa ein Betrag von 16.000 D-Mark.

Um noch mal auf das Thema Bauland H. zu kommen: Nun verlangt die X-Bank von uns eine sofortige Zahlung von 150.000 D-Mark aus dem Erlös des Grundstücks. Da wir dieses Geld nicht zusammensparen konnten, mußten wir mit der X-Bank einen erneuten Kredit über 150.000 D-Mark abschließen, was für uns eine zusätzliche Belastung in Höhe von 300 D-Mark und 500 D-Mark Tilgung bedeutet. Wo wir jetzt auch erst feststellen mußten, daß wir die ganzen drei Jahre nur 4.000 D-Mark Zinsen und keinen Pfennig Tilgung bezahlt haben.

Mittlerweile mußten wir unser Haus verkaufen, es besteht immer noch ein Restbetrag von 106.000 D-Mark bei der X-Bank. Die X-Bank kann nach all diesen Dingen keinerlei Falschberatung seitens des Herrn F. oder Herrn B. (Filialleiter) ersehen und besteht auf der vollen Restsumme von 106.000 D-Mark. Laut Aussage des Herrn F. uns und Zeugen gegenüber besteht die Schuld für den Hausverkauf in unserer Tochter, die heute 16 Monate alt ist (!!!), da diese nicht in die Finanzierung eingeplant war. Außerdem seien wir zu blöde, Rechnungen aufzustellen und hätten einen absoluten Kaufrausch. Die Begründung seitens Herrn F. kann doch nicht rechtens sein für den Ruin meiner Familie.

Wo wir jetzt auch erst feststellen mußten, daß wir die ganzen drei Jahre nur 4.000 D-Mark Zinsen und keinen Pfennig Tilgung bezahlt haben

Martina K. aus H.
Ich bezahlte alles, wer weiß, was sich die Bank noch hätte einfallen lassen

Wir waren bei der X-Sparkasse Kunden, mein Mann war Kontoinhaber und ich mitberechtigt. Mein Mann ist Alleinverdiener von rund 2.700 D-Mark netto/Monat. Ich bin im Babyurlaub (zwei Jahre, drei Jahre). Alles fing an, als wir von der X-Sparkasse vor ca. fünf Jahren erstmals gefragt wurden, ob wir umschulden wollten. Das Girokonto war damals um ca. 4.000 D-Mark überzogen, so nahmen wir einen Kredit von 5.000 D-Mark auf.

Nach rund eineinhalb Jahren war das Girokonto wieder um 4.000 D-Mark überzogen, wir wurden wieder gedrängt, umzuschulden. Nie war es ein Problem, Herr B. sagte immer wieder, wir sollten doch ruhig 1.000 D-Mark bis 2.000 D-Mark mehr aufnehmen; dann könnten wir noch renovieren oder Neuanschaffungen tätigen.

So hatten wir wieder einen Kredit von nun 10.000 D-Mark, in der Zeit blieb der Dispo-Kredit bei 5.000 D-Mark. Es war nach Aussagen der X-Sparkasse auch nie problematisch.

Im März 1994 war das Konto um 4.000 D-Mark überzogen; diesmal wurden wir von Herrn K. beraten. Die vorherigen Male war es Herr B. gewesen. Nun wurde ein Kredit von 14.000 D-Mark mit Zinsen in Höhe von 5.314 D-Mark aufgenommen, insgesamt also 19.594 D-Mark. Die Bearbeitungsgebühr betrug 280 D-Mark. Das war am 24.03.1994.

Bei der Berechnung der Kreditsumme blieb unberücksichtigt, daß der nächste Gehaltseingang erst zum 15.04.1994 zu erwarten war. (Mein Mann erhält sein Gehalt immer zum 15. eines Monats). Nun waren bei der Ausschöpfung des reduzierten Dispositionsrahmens von 1.000 D-Mark

Herr B. sagte immer wieder, wir sollten doch ruhig 1.000 D-Mark bis 2.000 D-Mark mehr aufnehmen

Bei der Berechnung der Kreditsumme blieb unberücksichtigt, daß der nächste Gehaltseingang erst zum 15.04.1994 zu erwarten war

unsere Kosten nicht gedeckt, d. h., schon vor dem 15.04.1994 war das Girokonto bereits um 1.000 D-Mark überzogen (Abzug Miete, Strom, Auto, Versicherungen), ohne daß wir Geld zum Leben gehabt hätten. Ich schrieb dieses Anliegen zur X-Sparkasse, doch nun wurde nicht mehr reagiert. Ich suchte das persönliche Gespräch, doch ich wurde nur noch wie Abschaum behandelt. Ich bat Herrn K., den Vertrag zu ändern und den Dispo auf 2.000 D-Mark zu setzen.

Am 04.06.1994 fuhren wir in den Urlaub. Meine Mutter hatte meiner Tochter zum zweiten Geburtstag die Miete für ein Haus in Dänemark geschenkt. Von Dänemark aus riefen wir zu Hause an und erfuhren von meiner Schwiegermutter, die den Briefkasten leerte, daß die X-Sparkasse einige Daueraufträge nicht mehr ausführte bzw. zurücknahm und jeweils 15 D-Mark Rückbuchungsgebühren abzog. Wir beendeten den Dänemark-Urlaub. Ich ging zur Verbraucherzentrale, aber die X-Sparkasse stellte sich stur. Wir versuchten, eine andere Bank zu finden und gingen im Juli 1994 zur Y-Bank. Aber damit war der Ärger mit der Sparkasse noch nicht vorbei. Es existierte ja noch der Kredit, den wir per Dauerauftrag an die X-Sparkasse zurückzahlen wollten. Im Oktober schrieb ich zwei Briefe an die X-Sparkasse, mit der Bitte um Beantwortung folgender Fragen:

a) Wie hoch die Restsumme des Kredits sei und

b) wie die Kündigungsfrist sei.

Wir wollten eventuell den Kredit zur Y-Bank nehmen. Das wäre aber zu teuer geworden. Es wären eine Bearbeitungsgebühr und neue Zinsen auf uns zugekommen. Wir erhielten nie Antwort auf die Fragen. Statt dessen kam die Kündigungsbestätigung ins Haus. Ich ging dann ca. einen Monat

Ich suchte das persönliche Gespräch, doch ich wurde nur noch wie Abschaum behandelt

Wir wollten eventuell den Kredit zur Y-Bank nehmen

später zu Frau J., um klarzustellen, daß ich nicht gekündigt hatte. Diese sagte nur, daß ich keinen Einspruch eingelegt hätte; die Kündigung sei nun rechtskräftig. Zu unserem Glück bekamen wir aus anderer Quelle eine Abfindung, so daß wir es auch bezahlen konnten. Wie in dem Schreiben der X-Sparkasse stand, meldete ich mich eine Woche vor dem 21.12. bei Frau J., um zu erfahren, wie hoch die Restsumme am 21.12.1994 sei. Statt eines computererstellten Ausdrucks erhielt ich einen Kladdezettel, auf dem nur die Summe 13.210,06 D-Mark stand. Ich setzte mich am 18., 19. und 20.12.1994 mit Frau J. in Verbindung, da ich eine Auflistung sowie eine Abrechnung über den Kredit haben wollte. Am 20.12.1994 ging ich zur Y-Bank und bat den Berater, doch einmal mit der X-Sparkasse zu reden. Er redete mit Herrn K., dieser machte mich nur schlecht gegenüber dem Bankangestellten. Ich sei stressig, würde Ärger machen, »das seien Kunden, Sie wissen schon, wie ich es meine«. Ich erhielt keine Abrechnung.

Am Freitag, den 23.12.1994 erhielt ich die Abrechnung und die Verzugszinsen von zwei Tagen (22.12. und 23.12.) sowie den Hinweis, daß jeder weitere Verzugstag vier D-Mark kosten werde. Ich bezahlte alles, denn wer weiß, was sich die X-Sparkasse noch hätte einfallen lassen.

Gabriele H. aus G.
Ich kann noch nicht einmal Spielsachen kaufen

Ich habe zwar nicht so viele Schulden wie Ihre Gäste, doch wenn ich daran denke, daß mein Mann und ich bald zu dritt sind, ist es doch viel. Ich bin schon eine Weile bei einer Schuldnerberatung, die mir so gut hilft, wie sie kann. Aber mit den Banken ist nicht zu reden, was ich nicht verstehen kann.

Zu unserem Glück bekamen wir aus anderer Quelle eine Abfindung, so daß wir es auch bezahlen konnten

»Das seien Kunden, Sie wissen schon, wie ich es meine«

Mit den Banken ist nicht zu reden, was ich nicht verstehen kann

Mein Mann und ich haben zwei Darlehen (Anschaffungsdarlehen für Möbel und Pkws, so ca. 20.000 D-Mark) laufen. Die Raten betragen monatlich zusammen 524 D-Mark. Zur Zeit verdient mein Mann 2.100 D-Mark netto monatlich. Ich bekomme im Moment überhaupt kein Geld mehr (975 D-Mark netto als 30-Stunden-Kraft), weil ich schwanger bin und mein Chef der Meinung ist, er brauche für mich kein Gehalt mehr zu zahlen. Er schuldet mir schon zwei Monatslöhne. Ich gehe mit der Gewerkschaft dagegen an, aber wenn es zu einer Klage kommt, kann es bis zu einem halben Jahr dauern, bis ich mein Geld bekomme. Bei meiner Bank steht das Konto um 2.384 D-Mark im Soll, sie möchte nichts mehr überweisen, so lange kein Geld auf das Konto kommt, obwohl ich die Sachlage erklärt habe. Mit der Darlehensrate von 246 D-Mark geht sie aber auch nicht herunter. Ich habe schon dreimal mit dem Kreditleiter der Bank, Herrn K., gesprochen. Dieser sagt immer nur, daß er weiß, daß es uns bald noch schlechter gehen wird, aber daß er die Rate nicht niedriger machen könne. Eine längere Laufzeit sei auch nicht möglich, da man das bei einem Anschaffungsdarlehen nicht machen könne; dieses müsse innerhalb von fünf Jahren zurückgezahlt sein, obwohl die X-Bank F. zwei Lebensversicherungen und einen Pkw als Sicherheit für das Darlehen hat.

Eine längere Laufzeit sei auch nicht möglich, da man das bei einem Anschaffungsdarlehen nicht machen könne

Ich mußte damals, so vor vier Jahren, eine Kapital- und Rentenversicherung bei dieser Bank abschließen, um überhaupt ein Darlehen für einen Pkw zu bekommen. Dann mußte ich ein Formular für eine Lohnpfändung und eine Bestätigung unterschreiben, daß mein Lohn so lange auf das Konto eingeht, bis das Darlehen abbezahlt ist. Seit Aufnahme des Darlehens mußte ich in der Zwischenzeit dieses noch zweimal aufstocken (was die Bank auch gemacht hat), da ich mit den Pkws so viel Pech hatte.

Die Lebensversicherungen betragen auch 75 D-Mark monatlich, diese können wir nicht kündigen oder eine Weile stilllegen lassen, da dies die Bank zu entscheiden habe, so die Schreiben der Versicherungen.

Die andere Bank, das ist die Zweigniederlassung der Y-Sparkasse, kommt uns auch nicht entgegen. Dort beträgt die Rate 278 D-Mark monatlich. Obwohl ich schon mindestens fünfmal mit dem Filialleiter, Herrn M., gesprochen habe und er unsere Lage als sehr bedauerlich betrachtet, sagt er genau das gleiche wie die X-Bank. Auch möchte keine der beiden Banken das Darlehen der anderen Bank übernehmen, z. B. mit einer längeren Laufzeit und einer niedrigeren Rate von ca. 250 D-Mark bis 300 D-Mark monatlich statt 524 D-Mark. Wir haben im Moment auch noch andere Ratenzahlungen laufen, die monatlich 220 D-Mark betragen, die wir bei einer Darlehensübernahme von ca. 3.000 D-Mark bis 4.000 D-Mark ausgelöst haben, die dann auch wegfallen würden. Aber keine der beiden Banken will uns helfen. Finanziell würde es bei uns ab Juli 1995 so aussehen:

    2.100 D-Mark Gehalt
+   600 D-Mark Erziehungsgeld
+   70 D-Mark Kindergeld
= 2.770 D-Mark
− 1.954 D-Mark monatliche Abgaben
        (Versicherungen, Pkw, Strom, Miete, Heizung,
        Telefon usw., und 524 D-Mark Darlehensraten)
=   816 D-Mark

D. h.: 816 D-Mark für den Lebensunterhalt (Lebensmittel, Kleidung, Benzin usw.) für zwei Erwachsene und ein Baby. Das ist sehr knapp, wenn man

Aber keine der beiden Banken will uns helfen

auch bedenkt, wie schnell ein Baby im ersten Lebensjahr aus der Kleidung herauswächst. Außerdem kann ich noch nicht einmal ein paar Spielsachen kaufen, ein Kinderbett habe ich auch noch nicht, wovon denn?

Die Banken wissen dies alles, aber keine von beiden kommt uns entgegen, da hören wir von der X-Bank noch den »blöden« Spruch: »Sehen Sie zu, daß Sie ihr Konto in den Griff bekommen. Und außerdem, verdienen können wir an Ihnen sowieso nichts!« – Das tut echt weh!

Sehen Sie zu, daß Sie ihr Konto in den Griff bekommen

Ich bin im Moment seelisch so fertig und unten, daß ich nicht mehr weiß, was ich noch machen soll. Ich habe nun auch noch fürchterliche Angst, daß mir die Banken die Darlehen kündigen, wenn wir nicht mehr bezahlen können. Angst, daß sie uns den Lohn pfänden (dann haben wir gar nichts mehr) und Angst davor, daß in nächster Zeit sämtliche Mahnungen kommen, weil die Bank nichts mehr überweist. Ich weiß echt nicht mehr weiter, warum ist das alles so ungerecht?

Ich weiß echt nicht mehr weiter

Hilde B. aus R.
Ich zahle Raten für meinen reichen Ex-Schwiegersohn

Auch ich bin durch eine Bürgschaft von einer Bank in Schwierigkeiten geraten. Mein Ex-Schwiegersohn hat für sich 30.000 D-Mark mehr aufgenommen und sagte uns, wir müßten nur unterschreiben. Wir waren damals über solche Sachen nicht informiert. Meine Tochter wurde kurz danach geschieden, da ging es los mit unserer Bürgschaft. Mein Mann ist schon fast zehn Jahre tot, und nun muß ich als Witwe mit 70 Jahren dafür aufkommen. Von diesen 30.000 D-Mark sind nach langem Zahlen noch 27.000 D-Mark geblieben. Obwohl mein Ex-Schwiegersohn in großem Stil lebt, geht die Bank an ihn nicht heran. Sie nimmt von meiner kleinen Rente

Wir waren damals über solche Sachen nicht informiert

die Raten von 230 D-Mark monatlich. Ich habe mit der Bank gesprochen, daß mein Ex-Schwiegersohn auf großem Fuße lebt, aber man hat mir gesagt, daß die Raten von meiner kleinen Rente sicher wären. Sie können sich nicht vorstellen, daß mir dieses Geld monatlich fehlt. Warum kann die Bank nicht an den Mann, der das Geld ausgegeben hat, herangehen?

Man hat mir gesagt, daß die Raten von meiner kleinen Rente sicher wären

Helga R. aus H.
Bis alles geklärt ist, sehe ich die Radieschen längst von unten

Ich lebe in Sachsen-Anhalt. Mein Mann ist vor drei Jahren auf tragische Weise verstorben. Jetzt geht es um einen Dachdeckerbetrieb. Mein Mann und ich haben diesen Betrieb 1965 mit nichts als zwei Mopeds mit Anhänger übernommen. Wir haben diesen Betrieb bis auf zehn Arbeitskräfte vergrößert, waren damit der größte Privatbetrieb im Kreis, trotz der vielen Schwierigkeiten in der DDR–Zeit. Trotz der geringen Materialzuteilungen haben wir es immer wieder geschafft, den Menschen zu helfen. Unter anderem habe ich auch mitgearbeitet und mit meinem Mann viele Dächer erhalten und erneuert, d. h., ich habe als Dachdecker praktisch mitgearbeitet. Im Juli 1989 übergaben wir unserem Sohn den Betrieb. Soweit die Vorgeschichte.

Als mein Sohn nach der Wende Arbeiten durchführte, fing bei der Kundschaft eine andere Zahlungsmoral an. Sie bestellten und ließen die Arbeiten ausführen. Als es dann zur Kasse ging, war angeblich kein Geld da. Einen Kredit auf den Kostenvoranschlag hatten sie jeweils von der Bank bzw. X-Sparkasse erhalten, doch wofür die Kunden das Geld tatsächlich verwendeten, ist schleierhaft. Auch bei den Kommunen blieben Zahlungen aus, so daß die Außenstände bald nicht mehr zu vertreten waren.

Als mein Sohn nach der Wende Arbeiten durchführte, fing bei der Kundschaft eine andere Zahlungsmoral an

Bei einer Aussprache bei der X-Sparkasse mit Herrn G. und Herrn K. machte ich die beiden darauf aufmerksam, daß früher in der DDR–Zeit die Geldinstitute die Kredite verwaltet und die eingereichten Rechnungen überwiesen haben. So konnte es nicht zu solchen Situationen kommen. »Wir haben die Marktwirtschaft, und da ist so etwas nicht mehr üblich«, bekam ich zur Antwort. Lieber kann ein Betrieb zugrunde gehen.

Später wurde mir der Vorschlag unterbreitet, eine Bürgschaft auf mein Haus aufzunehmen, um den Betrieb zu retten. Nach langem Überlegen entschloß ich mich dazu, um den Betrieb und die Arbeitsplätze zu erhalten. Ich nahm eine Bürgschaft in Höhe von 300.000 D-Mark auf mein Haus auf, das bis 1993 schuldenfrei war. Aufgrund der ganzen Lage hatte mein Sohn den Betrieb reduziert. Die Bürgschaft war genehmigt, und nun kommt der eigentliche Clou der X-Sparkasse, wie ich es später erfuhr, als alles zu spät war. Mein Sohn spekulierte zusammen mit der X-Sparkasse mit einer Summe von 160.000 D-Mark an der Börse. Angeblich war es eine seriöse Firma, es gab keine Bedenken. Anstatt das Geld zurückzuholen, als der Kurs fiel, hat die X-Sparkasse gewartet, bis alles weg war. Auf die Bitte meines Sohnes, das Geld zurückzufordern, bekam er die Antwort, er solle noch warten.

Aufgrund der ganzen Lage hatte mein Sohn den Betrieb reduziert

Es gibt auch Beweise, daß die X-Sparkasse mit dem Börsenmakler in Verbindung gestanden bzw. das Geschäft eigenständig abgewickelt hat. Von Rechts wegen hätte die X-Sparkasse mich über dieses Geschäft informieren müssen, denn ich habe ja dafür gebürgt, doch das ist nicht geschehen. Nun wird mein Grundstück ab dem 01.04.1995 zur Zwangsversteigerung kommen, da mein Sohn nicht in der Lage ist, das Geld zurückzuzahlen. Der Rechtsanwalt, den mein Sohn damit beauftragte, offene

Rechnungen einzutreiben, dieser Herr war nicht in der Lage, auch nur eine Rechnung beizubringen. Er hat lediglich Kosten verursacht und das nicht zu knapp.

Als die Bürgschaft unterschrieben wurde, war mein Mann noch nicht lange tot, ich selbst war gesundheitlich angeschlagen, so daß ich manches übersehen habe. Es könnte mir nichts geschehen, und ich bräuchte keinerlei Bedenken haben, wurde mir von den Angestellten der Kreissparkasse versichert.

Ich habe in Erfurt ein Grundstück geerbt, welches ich 1971 aufgrund der damaligen Verhältnisse nicht annehmen durfte. In der DDR durfte ich kein zweites Haus besitzen, so habe ich eine Verzichtserklärung unterschrieben. 1992 habe ich einen Rückerstattungsantrag gestellt, welcher aber noch lange auf sich warten läßt. Mit dem Erlös wollte ich mein Haus wieder schuldenfrei machen, aber die X-Sparkasse geht nicht darauf ein. Bis diese Angelegenheit mit dem Haus in Erfurt geklärt ist, kann ich, bei der heutigen Bürokratie, längst die Radieschen von unten ansehen.

Mit dem Erlös wollte ich mein Haus wieder schuldenfrei machen

Lisa R. aus K.
Der Antrag auf die ERP-Mittel war spurlos verschwunden

Unsere Tochter hat am 01.04.1987 ein Zeitschriftengeschäft in K. übernommen. Sie war vorher arbeitslos, also waren auch keine Ersparnisse vorhanden. Anfang Februar setzte sie sich mit der dortigen X-Bank in Verbindung und fragte an, ob sie für diese Übernahme ein Darlehen erhalten könne. Zu dieser Zeit wurde auch von der Bundesregierung immer wieder das Existenzgründungsdarlehen angeboten. Herr H. meinte, dies sei kein

→ Existenzgründungsdarlehen

Problem. Ich begleitete meine Tochter zur X-Bank. Herr H. sagte dann auch sofort, sie müsse erst einen Hausbankkredit aufnehmen, da die ERP-Mittel etwas länger dauern würden. Da sie aber schon am 01.04.1987 das Geschäft übernehmen wollte, war die Zeit zu kurz.

→ ERP-Mittel

Es wurden dann von meiner Tochter sämtliche Anträge unterschrieben, und sie erhielt ein Darlehen in Höhe von 43.000 D-Mark. Da das Geschäft aber von der Vorgängerin sehr heruntergewirtschaftet worden war, reichte dieses Geld nicht aus, so daß ein Überziehungskredit genehmigt wurde, doch waren die Zinsen sehr hoch.

Einige Monate später fragte meine Tochter an, wie es denn nun mit den Bundesmitteln sei. Daraufhin wurde ihr gesagt, dies würde noch etwas dauern. Herr H. ging dann als Leiter der X-Bank nach L., und diese Sache wurde von dem Nachfolger – Herrn P. – damit abgetan, daß kein Antrag zu finden sei.

Da das Geschäft sich langsam besserte, haben wir als Eltern auch finanzielle Hilfe geleistet. Im Jahre 1989 wurde nun unserer Tochter gesagt, wenn wir als Eltern keine Bürgschaft als Grundschuldeintragung übernehmen würden, könnten sie das Konto nicht weiterführen und müßten es kündigen. Wir haben dann eine Bürgschaft in Form einer Grundschuldeintragung in Höhe von 70.000 D-Mark übernommen. Doch die Streitigkeiten wegen der ERP-Mittel gingen bei der X-Bank weiter, und das Darlehen wurde gekündigt. Meine Tochter hat dann mit der Y-Bank gesprochen, und diese hat alles übernommen. Die Krönung dieser Angelegenheit war aber, daß wir als Eltern von dem Leiter der Y-Bank ein Schreiben bekamen, mit der Bitte, für eine Bürgschaft zu unterzeichnen, obwohl doch die Grundschuldeintragung vorlag. Dieses Schreiben, viel-

→ Bürgschaft

mehr der Vordruck, besagte aber, was wir erst viel später erfahren haben, daß die Y-Bank uns für alle Schulden haftbar machte.

Am 27.09.1993 hat meine Tochter das Geschäft aufgegeben, denn die Zinsen waren nicht mehr zu bezahlen. Ich habe das Vorgehen der Bank nicht eingesehen, denn wir hatten mit dem Geschäft überhaupt nichts zu tun, und habe das Bundesaufsichtsamt für Kreditwesen in Berlin angeschrieben. Ein Herr P. schrieb zurück, daß die Tochter das Geschäft hätte früher aufgeben sollen, wir könnten also keine Hilfe erwarten, da das Verschulden nicht bei der Bank liege.

Herr P. hatte sich aber nicht mit der X-Bank in Verbindung gesetzt, sondern nur mit der Y-Bank, es wurde also nicht nachgeforscht, wo der Antrag für die ERP-Mittel geblieben ist.

Frau K. aus H.
Ich war bei einer Schuldenberatung, aber keiner hilft

Ich bin 63 Jahre und habe auch Ärger mit der Bank. Mein Mann hatte 1982 einen Kredit von 15.000 D-Mark aufgenommen, den ich auch unterschrieben habe. 1987 ist mein Mann gestorben. Da er alles mit den Papieren geregelt hat, dachte ich, er hätte alles abgezahlt. 1990 bekam ich von meiner Bank Bescheid, daß die X-Bank in Nürnberg 45.000 D-Mark haben wolle. Ich habe mir einen Rechtsanwalt genommen, bis heute konnte er aber nichts machen. Heute bekomme ich eine Witwenrente von 1.254 D-Mark, auch da wird gepfändet. Ich war 15 Jahre bei der Stadt angestellt und mußte, weil ich seelisch und körperlich am Ende war, aufhören. Ich bekomme seit 1990 eine Erwerbsunfähigkeitsrente von 190 D-Mark, es werden 600 D-Mark im Monat gepfändet. Ich habe alles mit der Bank versucht,

Der Vordruck besagte, daß die Y-Bank uns für alle Schulden haftbar machte

Es wurde also nicht nachgeforscht, wo der Antrag für die ERP-Mittel geblieben ist

Ich bekomme seit 1990 eine Erwerbsunfähigkeitsrente von 190 D-Mark

aber die reagieren auf nichts. Jeden dritten Monat schicken sie einen Gerichtsvollzieher, obwohl sie schon soviel gepfändet haben. Ich war auch bei einer Schuldenberatung, aber keiner hilft. Heute verlangen sie fast 100.000 D-Mark zu 22 Prozent Zinsen, das kann ich nie bezahlen. Ich weiß mir keinen Rat mehr, weil mir kaum noch etwas bleibt. Schlafen kann ich gar nicht mehr, nachts stehe ich zweimal auf, weil ich immer an den nächsten Tag denken muß und ob nicht wieder Post kommt.

Heute verlangen sie fast 100.000 D-Mark zu 22 Prozent Zinsen, das kann ich nie bezahlen

Edith B. aus O.
Als die Mahnungen ins Haus flatterten, machte ich meinen ersten Suizidversuch

Durch meinen Kaufzwang habe ich vor ca. dreieinhalb Jahren meine Familie in ein großes Unglück gestürzt. Meine Schulden betrugen damals 140.000 D-Mark. Als ich kein Geld von der Bank mehr bekam und Mahnungen ins Haus flatterten, machte ich meinen ersten Suizidversuch. Mein Mann wußte von alldem nichts. Er redete mit der Bank und den anderen Gläubigern, aber die wollten ihr Geld. Im ersten Moment half uns mein Vater mit 15.000 D-Mark, und dann kämpften wir um Ratenzahlungen. Mein Mann trieb die Gläubiger in die Enge, indem er ihnen sagte: »Wir haben Gütertrennung, von meiner Frau könnt ihr nichts holen.« Sie gingen dann notgedrungen darauf ein.

»Wir haben Gütertrennung, von meiner Frau könnt ihr nichts holen«

Bei der Bank wollte mein Mann eine Umschuldung durchbringen, aber die Leute bei der Bank hätten uns am liebsten am ausgestreckten Arm verhungern lassen. Er konnte nicht mal um fünf D-Mark das Konto überziehen. Wir mußten drei Jahre lang 2.700 D-Mark an Banken und Gläubiger (Versandhäuser) zahlen, im Moment sind es noch 2.200 D-Mark monatlich (noch eineinhalb Jahre). Ich muß den Banken und Versandhäusern einen Vorwurf machen, man bekommt über Jahre hinweg Geld und Ware, dann drehen sie einem den Hahn zu. Wir haben es fast geschafft, aber ohne Hilfe der Bank.

Man bekommt über Jahre hinweg Geld und Ware, dann drehen sie einem den Hahn zu

Reinhard H. aus I.
Was sich teilweise innerhalb der Banken abspielt, kann sich keiner vorstellen

Ich bin zwar selbst nicht Leidtragender, doch möchte ich mal als ehemaliger Bankangestellter einiges dazu sagen. Bis vor drei Jahren war ich durchgehend zehn Jahre als Bankkaufmann bei verschiedenen Banken beschäftigt. Bei der letzten Bank wurde mir Anfang 1991 aus irgendwelchen fadenscheinigen Gründen gekündigt.

Ich habe es dann bei verschiedenen anderen Firmen in der freien Wirtschaft versucht, jedoch ohne Erfolg. Seit gut einem Jahr bin ich arbeitslos, möchte aber auf keinen Fall wieder bei einem Kreditinstitut arbeiten. Was sich teilweise innerhalb der Banken abspielt, kann sich kein Kunde vorstellen – Gott sei Dank nicht. Einige Abteilungsleiter und Vorstände terrorisieren die einfachen Angestellten dermaßen, daß sie gesundheitliche Schäden behalten.

Ich hatte einen sehr hohen Blutdruck (200), jedoch kein Übergewicht, war sehr nervös und konnte kaum einschlafen. Sie werden sich vielleicht fragen, wie dies geschieht. Nun, die Banken und Sparkassen setzen ihren Angestellten sehr hohe sogenannte Zielvorgaben. Es müssen im Monat so und so viele Bausparverträge, Versicherungen, Sparbriefe und auch Darlehen an den Mann gebracht werden, ob der Kunde es in Wirk-

Die Banken und Sparkassen setzen ihren Angestellten sehr hohe sogenannte Zielvorgaben

lichkeit nun benötigt oder nicht. Dies wird durch wöchentliche bzw. monatliche abendliche Mitarbeiterversammlungen überprüft.

Wird dies nicht erreicht, wird der einzelne Mitarbeiter vor versammelter Mannschaft unter Druck gesetzt, und es wird ihm mit Kündigung gedroht.

Ein weiterer Kritikpunkt ist die Beurteilung eines Menschen nach seinem Kontostand. Hier gilt der Spruch: »Haste was, biste was!«. »Haste nichts«, dann bist du nur ein »fauler Kunde« oder »ein armes Schwein«. Dies wird jedoch meist nur dann geäußert, wenn der Kunde die Bank noch nicht betreten hat bzw. wenn er sie gerade verläßt.

Hier gilt der Spruch: »Haste was, biste was!«

Ich habe in meiner zehnjährigen Berufspraxis als Bankkaufmann viele normale Angestellte, Personen in leitenden Positionen sowie Unternehmer erlebt, die durch Scheidung, Tod oder andere schwere Schicksalsschläge in plötzliche finanzielle Engpässe gekommen sind. Die Bank hat jedoch immer ihr Geld erhalten. Es kann niemand von sich behaupten, dies kann mir nicht passieren.

Es kann niemand von sich behaupten, dies kann mir nicht passieren

Ich für meine Person habe beschlossen, einen neuen Beruf zu ergreifen. Ich hoffe, daß ich in nächster Zukunft eine Umschulung zum Krankenpfleger erhalte.

Ich hoffe, daß das Bundesaufsichtsamt für das Kreditwesen in Zukunft ein wachsames Auge auf das Kreditgewerbe wirft. Viele Jugendliche sind durch die Schuld der Kreditinstitute schon in jungen Jahren hoch verschuldet.

Ich kann den Kunden nur raten: Wehrt euch, vergleicht Konditionen, die Bank braucht den Kunden (sei es nun als Sparer oder Kreditnehmer), nicht umgekehrt.

Ursula R. aus S.
In der ehemaligen DDR wollte niemand an unseren Schulden verdienen

Wir Bundesbürger in den neuen Ländern mußten in den letzten Jahren sehr viel lernen, doch je mehr wir uns mit den neuen Gesetzlichkeiten vertraut machen, um so mehr wächst leider auch das Mißtrauen, welches nun eigentlich gar nicht zum Menschen paßt. Für uns, die wir 40 Jahre Kollektivgeist verordnet bekamen und diesen auch gern gelebt haben, ist heute Egoismus gefragt.

Aber nun zum eigentlichen Anlaß meines Schreibens: In dieser Ihrer Sendung haben Sie etwas gesagt, was so nicht ganz stimmt. »In der DDR gab es ja keine Schulden!« Oh doch, es gab Schulden, z. B. Mietschulden, die aber weder die Mieter noch die Vermieter interessierten, waren es doch meistens Mieter, die im Staatsapparat tätig waren und nicht die ehrlichen Arbeiter. Und wer wollte sich da schon ins Fettnäpfchen setzen!

Und dann gab es noch Bankschulden, Kreditschulden, die zum Bau von Eigenheimen gewährt wurden. Wobei wir beim Thema wären. Im heutigen Sinne sind ja Kredite keine richtigen Schulden. Zumindest ist der Begriff ein anderer, als wir ihn kannten. Auch wir hatten uns entschlossen, auf unserem Grundstück ein Haus zu bauen. Wir waren uns darüber einig, daß wir viel Optimismus und viel Kraft, aber auch Geld brauchten. Als wir die Baugenehmigung in den Händen hielten, man uns einen Bautyp zugewiesen hatte (das Projekt konnten wir für 160 Mark der DDR, unserer damaligen Währung, kaufen) und unsere Verdienstbescheinigungen vorlegten, erhielten wir von unserer Sparkasse einen Baukredit von 65.000 Mark plus 2.700 Mark Erschließungskosten. Dieser Baukredit wurde zu ca. 50 Prozent als Leistungskredit und zu 50 Prozent als Materialkredit gewährt.

Wir waren uns darüber einig, daß wir viel Optimismus und viel Kraft, aber auch Geld brauchten

Leistungskredit – Materialkredit

Leistungskredit = 5 Prozent + 1 Prozent Zinsen, Materialkredit = 0 Prozent Zinsen + 1 Prozent Tilgung. Unsere monatliche Belastung machte 99 Mark der DDR aus. In dem Kreditvertrag wurde weiter festgelegt, daß wir eine Bauzeit von 24 Monaten hatten, sollten wir aber vorzeitig einziehen können, würde dieses von der Sparkasse prämiert. Wir hatten im August 1975 Baubeginn und sind im Oktober 1976 eingezogen. Dafür erhielten wir 3.700 Mark gutgeschrieben. Da wir sehr viel selbst gemacht und diese Leistungen nicht über Kredit abgerechnet haben wie viele Eigenheimbauer, haben wir nur ca. 48.000 Mark verbraucht. Auch bestand die Möglichkeit, pro Jahr mehr als vereinbart zurückzuzahlen, wenn wir dazu in der Lage waren. Natürlich haben wir das versucht. Unsere Jahresendprämie und zusätzliche Einkommen aus Honigverkauf und Verkauf von Obst und Gemüse aus unserem Garten wurden am Jahresende eingezahlt.

Auch bestand die Möglichkeit, pro Jahr mehr als vereinbart zurückzuzahlen

Das war für uns damals selbstverständlich und nicht nur für uns, sondern auch für den Kreditgeber, denn alle Beteiligten waren daran interessiert, daß die Schulden so schnell wie möglich abgetragen wurden. Verdienen und reich werden wollte niemand an unseren Schulden. Alles verlief auf einer totalen Vertrauensbasis, und es bereitete niemandem Streß und schlaflose Nächte.

Nach heutigen Maßstäben wirkt das von mir Geschilderte wie ein Märchen, aber es ist die Wahrheit. Ich sage Ihnen, es war auch für uns nicht leicht, ich war 40 Jahre und mein Mann über 50 Jahre. Als wir in unser Häuschen einziehen konnten, waren wir unendlich glücklich. Zwar fehlte noch die Eingangstreppe und noch vieles andere, auch mußte ich, um Fliesen für die Küche zu bekommen, eine Eingabe an den Staatsrats-

Nach heutigen Maßstäben wirkt das von mir Geschilderte wie ein Märchen

vorsitzenden machen, die positive Nachricht bekamen wir erst im Dezember 1976. Auch hat unser Haus keine Goldkante, wenn Sie wissen, was wir damit meinen, aber es gehört uns.

Nach der Wende/Währungsunion wurden unsere kleinen Ersparnisse geteilt, aber auch unsere Schulden. Die haben wir dann ganz schnell abgestoßen. Wir fahren heute noch unseren Wartburg, den besseren mit VW-Motor, damit will ich sagen, daß wir den allgemeinen Trend nicht mitgemacht haben.

Wir haben in unserem Leben gelernt, mit wenig auszukommen und nicht über unsere Verhältnisse zu leben, das kommt uns auch heute zugute.

Nach der Wende/Währungsunion wurden unsere kleinen Ersparnisse geteilt, aber auch unsere Schulden

WEGE AUS DER ÜBERSCHULDUNG: EIN RATGEBER

Schulden entstehen in der Regel aus eingegangenen Verträgen unterschiedlicher Art. Dies kann z. B. der Mietvertrag sein, der zu pünktlicher Zahlung verpflichtet, der Kaufvertrag für das Auto, der Kreditvertrag bei der Bank oder der Vertrag mit dem Handwerker, der die Wohnung repariert. Die Liste ließe sich unendlich verlängern.

Das gesamte Vertragsrecht ist inzwischen so vielfältig geworden, daß man kaum noch eine Chance hat, sich in dem Wirrwarr von Gesetzen und Vorschriften zurechtzufinden. Hand aufs Herz: Wer sieht sich die Allgemeinen Geschäftsbedingungen der Tankstelle an, wenn man mit seinem Auto durch die Waschanlage fährt? Wer versteht seine Stromabrechnung auf Anhieb?

In diesem Ratgeberteil soll versucht werden, Hilfestellung bei Problemen zu geben, die sich aus dem Bereich der Schuldenproblematik ergeben können.

Wo bekommt man Hilfe, wenn man im Schuldenstreß steht? Zunächst sind die seriösen und anerkannten Schuldnerberatungsstellen zu nennen, die es in der gesamten Bundesrepublik gibt. Als nächstes kann man die Verbraucherzentralen und die kostenlosen Rechtsberatungsstellen der Kommunen empfehlen, die in bestimmten Fragen beraten und hilfreich zur Seite stehen. Schließlich sind natürlich auch die Rechtsanwälte zu erwähnen, die man mit der Wahrung seiner Interessen beauftragen kann.

Das gesamte Vertragsrecht ist inzwischen so vielfältig geworden, daß man kaum noch eine Chance hat, sich in dem Wirrwarr von Gesetzen und Vorschriften zurechtzufinden

Wo bekommt man Hilfe, wenn man im Schuldenstreß steht?

Ob man zu einer Beratung geht oder sich zunächst selbst hilft, oberstes Gebot sollte sein, einen Überblick über das Ganze zu haben. Dann ordnet man die Papiere nach Gläubigern, legt eine Liste an, numeriert die Gläubiger durch und hält fest, wer eigentlich wie viel Geld bekommt. Es sollte eine Spalte für die eigentliche Hauptforderung und eine Spalte für die jetzige Gesamtforderung (Hauptforderung + Zinsen + Kosten) eingerichtet werden. In dieser Liste sollte stehen, von wann die Forderungen sind und welche Maßnahmen der Gläubiger wann gegen einen eingeleitet hat, z. B. »Mahnung von…«, »Klage an…«, »Mahnbescheid von…«. Falls Unterlagen fehlen (Umzug, Brand usw.), den Gläubiger anschreiben und eine »detaillierte Forderungsaufstellung« verlangen. Eine Orientierung soll die nachstehende Grafik geben:

Übersichtsblatt aller Forderungen

lfd. Nr.	Gläubiger; Forderung	erfragte Gesamtforderung	Hauptforderung	Zinsen Kosten	reguläre Rate	Verzugszinssatz

Schuldnerberatungsstellen

Es empfiehlt sich, immer dann eine Beratungsstelle aufzusuchen, wenn durch die Schuldensumme und die Anzahl der Gläubiger der Überblick über die gesamte Situation verlorenzugehen droht oder schon verlorengegangen ist.

Im Vorfeld sollte man sich Informationen über diese Stellen einholen, denn es gibt auch hier, wie überall, schwarze Schafe. In einer seriösen Beratungsstelle fallen keine Kosten an, auch keine Mitgliedsbeiträge oder Auslagenentschädigungen für Porto oder Aktenführung. Man muß außer einer Vollmacht keine Verträge unterschreiben, schon gar keine zusätzlichen Bausparverträge, Kreditanträge oder Versicherungen.

Oft werben kommerzielle Schuldenregulierer unter findigen Namen in den örtlichen Tageszeitungen unter scheinbar seriösen Namen mit Formulierungen wie »Schulden, alles in einer Hand«. Sie verlangen Gebühren, kassieren diese und führen nur den Rest an die Gläubiger ab. Diese Tätigkeit verstößt gegen das Rechtsberatungsgesetz.

Die Schuldnerberatungsstelle wird in der Regel erst dann aufgesucht, wenn alle Jonglierkünste des Betroffenen nichts geholfen haben. Meist sind dann bereits zwei bis fünf Jahre seit dem eigentlichen finanziellen Zusammenbruch vergangen. Häufig wurden alle Forderungen inzwischen per Gerichtsurteil festgestellt, nicht selten sogar die, die gar nicht hätten beglichen werden müssen. Manche Forderungen sind überhöht, aber sozusagen inzwischen gerichtlich sanktioniert. Die meisten Fristen wurden versäumt, vielfach ist dieser Mangel nicht mehr rückgängig zu machen.

Handelt es sich um eine Kurzberatung, vielleicht weil der Fall nicht so schwierig ist, erhält man in der Schuldnerberatung Tips zur Selbsthilfe,

In einer seriösen Beratungsstelle fallen keine Kosten an, auch keine Mitgliedsbeiträge oder Auslagenentschädigungen für Porto oder Aktenführung

Handelt es sich um eine Kurzberatung, erhält man in der Schuldnerberatung Tips zur Selbsthilfe

gegebenenfalls spricht man eine Strategie etwa gegen den/die Gläubiger durch und erhält Rechtsauskünfte, was zu tun ist, wo die Gefahren drohen und wie man sie beseitigen kann.

Die Schuldnerberatungsstelle kann sagen, ob sie einen eigenen Rechtsanwalt als Berater zur Verfügung hat oder ob die rechtliche Situation die Einschaltung eines Anwalts nötig macht, wenn gegen den Gläubiger geklagt werden muß.

Bei hoher Verschuldung (Überschuldung) läuft es meistens auf eine langfristige Beratung bzw. Betreuung hinaus, insbesondere dann, wenn viele Gläubiger Forderungen haben und zusätzliche soziale Probleme wie Arbeitslosigkeit, Scheidung/Trennung, Krankheit, Straffälligkeit und Sucht eine Regulierung erschweren oder für einen längeren Zeitraum unmöglich machen.

Bei hoher Verschuldung (Überschuldung) läuft es meistens auf eine langfristige Beratung bzw. Betreuung hinaus

Ein wesentlicher Bestandteil jeder seriösen Schuldnerberatung liegt in der Überprüfung der rechtlichen Seite. Dazu gehören u. a. folgende Punkte:

Besteht die Forderung zu Recht?
a) dem Grunde nach
b) der Höhe nach
Kann die Forderung oder können Teile der Forderung zurückgewiesen werden?
Spielen Verjährung oder Sittenwidrigkeit eine Rolle?
Ist der geforderte Zinssatz berechtigt?
Ist überhaupt ein Vertrag zustandegekommen?
Ist die Kündigung des Vertrags gerechtfertigt?

In welchem Stadium ist das Verfahren?

Können Zwangsmaßnahmen der Gläubiger abgewendet werden?

Ist es sinnvoll, diese Maßnahmen abzuwehren?

Werden die rechtlichen Schutzvorschriften eingehalten oder wird gar zuviel gepfändet?

Sind alle Rechtsmittel eingelegt?

Einen weiteren wichtigen Teil in der Schuldnerberatung bildet die Gegenüberstellung von Einnahmen und Ausgaben, um einen Überblick über die tatsächliche, aber auch über die zukünftige hauswirtschaftliche Situation zu haben (siehe Seite 81 ff.):

Einen weiteren wichtigen Teil in der Schuldnerberatung bildet die Gegenüberstellung von Einnahmen und Ausgaben

Welche Einnahmen stehen zur Verfügung?

Wie können die Einnahmen gesteigert werden durch

a) Verdienstveränderung?

b) Anfordern aller sozialen Leistungen (Wohngeld, Rente, Sozialhilfe, Arbeitslosenhilfe, Kindergeld usw.)?

Welche Ausgaben stehen den Einnahmen gegenüber?

Welche Ausgaben sind unbedingt erforderlich oder von existentieller Bedeutung (z. B. Miete, Strom)?

Welche Ausgaben müssen unbedingt gemacht werden (z. B. Lebensmittel, Kleidung, Versicherung)?

Welche Ausgaben sind ebenfalls unabweisbar (z. B. Unterhalt)?

Welche Ausgaben können reduziert werden (z. B. Kleidung, Friseur)?

Haushaltsplan

Dem Haushaltsplan kommt eine besondere Bedeutung zu, unter Umständen ergeben sich hier auch große Probleme für den Betroffenen. Die Führung desselben ist häufig deshalb besonders schwierig, weil nicht alle Einnahmen und Ausgaben zur gleichen Zeit anfallen oder eingehen. Zwar ist die Miete zum Anfang des Monats fällig, das Wohngeld hingegen kommt z. B. in Berlin nur alle zwei Monate. Arbeitslosengeld wird vierzehntägig überwiesen, Krankengeld ebenfalls. Versicherungen aber werden vierteljährlich bezahlt, die Ausgaben für Rundfunkgebühren ebenfalls. Wie sieht es mit der Hundesteuer aus, was ist mit der Kfz-Steuer und der Kfz-Versicherung?

Es gilt, alle Einnahmen und Ausgaben auf den Monat umzulegen, damit man wie ein Buchhalter den Überblick hat, ob am Monatsende nun ein Minus oder ein Plus übrigbleibt.

Zunächst sollte man alle Ausgaben in feste Kosten – z. B. Miete, Strom, Telefon usw. – und in variable Kosten wie Lebensmittel, Friseur, Kino, Zigaretten unterteilen. Für den Verbrauch von einer Person gilt als Faustregel ein Betrag von 80 bis 100 D-Mark pro Woche, bei 80 D-Mark pro Woche × 4,3 = 344 D-Mark pro Monat. Wenn man wöchentliche Einnahmen hat wie z. B. das Arbeitslosengeld, so sollten diese ebenfalls mit dem Faktor 4,3 auf den Monat umgerechnet werden, denn der Monat hat mehr als 28 Tage.

Es sollte regelmäßig ein Haushaltsbuch geführt werden. Anhand dieser Eintragungen überlegt man (oder mit dem Berater gemeinsam), wie bei den Ausgaben gespart werden kann. Als Muster kann der folgende Haushaltsplan dienen:

Zunächst sollte man alle Ausgaben in feste Kosten und in variable Kosten unterteilen

Es sollte regelmäßig ein Haushaltsbuch geführt werden

MONATLICHER HAUSHALTSPLAN (FINANZPLAN)

Name: _____ Stand per: _____

Einnahmen			Ausgaben		
Lohn/Gehalt	_____	DM	Miete	_____	DM
Lohn/Gehalt	_____	DM	Energie	_____	DM
ALG/ALHi	_____	DM	Wasser	_____	DM
Sozialhilfe	_____	DM	GEZ	_____	DM
Rente	_____	DM	Kabel	_____	DM
Kindergeld	_____	DM	Telefon	_____	DM
Wohngeld	_____	DM	Zeitungen	_____	DM
Lastenzuschuß	_____	DM	Verein(e)*	_____	DM
Beihilfen	_____	DM	Gewerkschaft	_____	DM
Unterhalt	_____	DM	Haustiere	_____	DM
Sonstiges	_____	DM	Fahrtkosten	_____	DM
	_____	DM	Raten*	_____	DM
	_____	DM	Kfz-Steuern	_____	DM
			Versicherungen*	_____	DM
			Sonstiges*	_____	DM
				_____	DM
				_____	DM

Gesamteinnahmen _____ DM   Gesamtausgaben _____ DM

Gesamteinnahmen _____ DM
– Gesamtausgaben _____ DM
Zwischensumme _____ DM
– Lebensunterhalt _____ DM
Rest _____ DM

* bei Mehrfachnennungen gesonderte Aufstellung (siehe folgende Seite)

Versicherungen*   Zahlweise

Hausrat _____ DM   _____
Lebensversicherung _____ DM   _____
Kfz-Haftpflicht _____ DM   _____
Bausparkasse _____ DM   _____
Rechtsschutz _____ DM   _____
Kasko _____ DM   _____
Glasversicherung _____ DM   _____
Haus-Haftpflicht _____ DM   _____
Krankenhaustagegeld _____ DM   _____
Sonstige _____ DM   _____
Sonstige _____ DM

Summe _____ DM

Vereine*

1. _____ _____ DM
2. _____ _____ DM
3. _____ _____ DM
4. _____ _____ DM
5. _____ _____ DM

                                                     Sonstiges*

Raten*   1. _____ _____ DM
1. _____ _____ DM   2. _____ _____ DM
2. _____ _____ DM   3. _____ _____ DM
3. _____ _____ DM   4. _____ _____ DM
4. _____ _____ DM   5. _____ _____ DM
5. _____ _____ DM   6. _____ _____ DM

Eines steht jedoch trotz aller Bemühungen fest: Der oder die Gläubiger werden früher oder später zu Zwangsmaßnahmen greifen und versuchen, Pfändungsmaßnahmen einzuleiten, die noch durchschlagender sind und von einem möglicherweise noch größere Opfer verlangen. Insofern kann man ihnen durch die selbst auferlegten Einsparungsmaßnahmen zuvorkommen.

Gläubigerrangfolge

Wenn man (oder der Berater) sich nun einen Überblick über die finanzielle Situation und den daraus folgenden möglichen Zahlungen verschafft hat, gilt es, bei den Gläubigern eine Rangfolge für die Schuldenregulierung aufzustellen (siehe Seite 92 ff.).

Wurde vorher schon von »existentiellen Schulden« gesprochen, so stellen wir nun die Begriffe »Primärschulden« und »Sekundärschulden« gegenüber. Als Primärschulden definiert man all die Schulden, die von existentieller Bedeutung sind, von denen unter Umständen die Existenz abhängt. Als Sekundärschulden werden alle anderen Schulden bezeichnet, wobei durch bestimmte Maßnahmen der Gläubiger sich auch diese Schulden zur Existenzbedrohung auswachsen können. Eine besondere Stellung nehmen die Unterhaltsschulden ein, die deswegen ebenfalls vor den Sekundärschulden zu bedienen sind.

Zu den Primärschulden zählen Miete, Strom-, Gas- und Wasserkosten. Insofern muß man der Regulierung der Mietschulden immer besonderes Augenmerk und eine Vorrangstellung einräumen. Nur eine ganz unwesentlich geringere Bedeutung haben alle Strom- und Gasschulden. Auch hier ist ganz klar, daß diese Gläubiger vorrangig bedient werden

Zu den Primärschulden zählen Miete, Strom-, Gas- und Wasserkosten

müssen, sofern für Miet- und Energieschulden keine Hilfe des Sozialamtes in Anspruch genommen werden kann.

Das jeweils zuständige Sozialamt kann (muß aber nicht) nach § 15a des Bundessozialhilfegesetzes (BSHG) Mietschulden und Energieschulden übernehmen. Diese Übernahme kann als einmalige Beihilfe gewährt werden, dann ist sie nicht zurückzuzahlen. Sie kann jedoch auch ein zinsloses Darlehen sein, dann muß man das Darlehen in kleinen Raten zurückzahlen. Ob das Sozialamt Miet- und Energieschulden übernimmt, hängt von der Besonderheit des Einzelfalles ab, wie sich die finanziellen Verhältnisse gestalten (es gibt zur Berechnung »Regelsätze«), warum man in diese Situation gekommen ist usw. In vielen Fällen kann und wird das Sozialamt helfen. Man muß »nur« hingehen sowie einen Antrag stellen und nicht erst warten, bis der Vermieter die Kündigung ausspricht.

Ob das Sozialamt Miet- und Energieschulden übernimmt, hängt von der Besonderheit des Einzelfalles ab

Eine ebenfalls besondere Rangstellung nehmen die Unterhaltsschulden ein, obwohl sie nicht zu den Primärschulden zählen. Zum einen hängen von diesen Unterhaltszahlungen immer ein oder mehrere Menschen ab und warten auf dieses Geld, das sie dringend zum Leben brauchen. Genau aus diesem Grund hat der Gesetzgeber bei der Beitreibung von Unterhaltszahlungen auch besondere gesetzliche Regelungen erlassen. Für den laufenden Unterhalt und die Unterhaltsrückstände der zurückliegenden zwölf Monate gelten besondere Pfändungsgrenzen, die über das Maß der normalen Pfändungsgrenze hinausgehen (siehe Seite 96 ff.).

Für den laufenden Unterhalt und die Unterhaltsrückstände der zurückliegenden zwölf Monate gelten besondere Pfändungsgrenzen

→ Vorrangbereich

Man spricht hier vom sogenannten Vorrangbereich, in den ein Unterhaltsgläubiger (in der Regel Kind/geschiedener Ehegatte) hineinpfänden darf. Die festgelegte Grenze (Selbstbehalt) liegt niedriger als in allen anderen Fällen, d. h., daß von dem Einkommen des Betroffenen (Verschuldeten) mehr als von anderen Gläubigern gepfändet werden darf. Um solchen Maßnahmen zuvorzukommen, muß man den Unterhaltsschulden besondere Bedeutung beimessen. Sie sind neben Miete und Strom gesondert zu behandeln, ja teilweise sogar vorrangig anzusehen. Denn sollte ein Unterhaltsberechtigter in den Vorrangbereich »hineinpfänden«, bleibt meistens nichts mehr übrig, um die Schulden beim Vermieter oder dem Energielieferanten abzutragen. Hinzu kommt, daß der Gesetzgeber grobe Verletzung gegen die Unterhaltspflicht auf Anzeige hin als strafbares Delikt ansieht und notfalls diesen Straftatbestand mit Gefängnis bis zu einem Jahr ahnden kann. Daß sich dadurch die Unterhaltszahlungen nicht erledigen, versteht sich von selbst. Abgesehen davon verbessert sich durch den Gefängnisaufenthalt die soziale Situation des Betroffenen auch nicht.

→ Unterhaltspflicht

Alle weiteren Schulden gelten zunächst als Sekundärschulden, d.h. man kann sie »nachrangig« behandeln. Von diesen nachrangigen Schulden nehmen nunmehr zwei Bereiche eine besondere Stellung ein und werden von jeder seriösen Schuldnerberatungsstelle mit besonderem Augenmerk verfolgt. Es geht um Forderungen (Schulden), die den Erhalt des Arbeitsplatzes und das Girokonto gefährden. Jeder Gläubiger hat (als eine Möglichkeit der Beitreibung) nach den entsprechenden juristischen Schritten die Möglichkeit, beim Arbeitgeber oder auch beim Bankinstitut (Girokonto) »bestimmte Beträge« pfänden zu lassen (siehe Seite 96 ff.). Beim Arbeitgeber kann dies zur Folge haben, daß er bei eingehenden Pfändungen den Betroffenen nicht weiter beschäftigen möchte.

Alle weiteren Schulden gelten zunächst als Sekundärschulden

→ Nachrangige Schulden

Selbst wenn kein Arbeitsplatzverlust droht, kann eine Pfändung beim Arbeitgeber problematisch sein, denn sobald ein bestimmter, zulässiger Teil gepfändet wird, bleibt häufig nichts mehr übrig, um die »freiwilligen« Raten bei anderen Gläubigern zu bedienen. Diese werden ungeduldig, weil sie nichts mehr bekommen, fangen an, Gerichtsmaßnahmen zu produzieren, die Geld kosten und damit die Schulden erhöhen. Nach diesen Gerichtsmaßnahmen werden dann diese Gläubiger ebenfalls beim Arbeitgeber vorstellig und hinterlegen ihre Pfändungen (Ansprüche), um wenigstens an zweiter oder dritter Stelle in der Rangfolge zu stehen, d. h. nach Auszahlung des ersten Gläubigers dessen Stellung einzunehmen. Diese Rangfolgekämpfe beim Arbeitgeber können, müssen aber nicht zum Arbeitsplatzverlust führen.

Der Zugriff auf die Kontoverbindung durch die Gläubiger ist ebenfalls besonders problematisch, weil gefährlich und unter Umständen für den Betroffenen folgenschwer. In letzter Zeit versuchen immer mehr Banken, sich von den Kunden zu trennen, deren Kontoverbindungen mit Pfändungen belastet werden. Schwierig wird es vor allem, wenn die Bank selbst auch Gläubiger ist, weil vielleicht neben dem überzogenen Dispositionskredit noch ein anderer Kredit »läuft«. Wenn die Bank die Kontoverbindung kündigt, wozu sie in den meisten Fällen berechtigt ist, dann erhält man aufgrund seines »SCHUFA-Eintrages« bei keiner anderen Bank ein neues Konto.

Wer dann nicht über ein helfendes Familienmitglied oder Freunde verfügt, sitzt in der Zwickmühle. Nicht nur, daß der Ärger mit dem Arbeitgeber vorprogrammiert ist, weil der nicht weiß, wohin er das Geld schicken soll und Barauszahlungen nicht möglich sind, sondern weil man selbst auch nicht mehr die Möglichkeit hat, sein Konto für Überweisungen – wie Miete, Strom und Unterhalt – zu nutzen.

Der Zugriff auf die Kontoverbindung durch die Gläubiger ist ebenfalls besonders problematisch

Wenn die Bank die Kontoverbindung kündigt, dann erhält man aufgrund seines »SCHUFA-Eintrages« bei keiner anderen Bank ein neues Konto

Ein weiteres Problem besteht darin, daß eine vom Berater (oder vom Betroffenen) einmal festgelegte Rangfolge (Wichtigkeit) der Gläubiger ständigen Veränderungen unterworfen ist. Man muß sie ständig beobachten und neu bewerten.

Gläubigerarten und Umgang mit Gläubigern

Zwei Arten von Gläubigern werden unterschieden: die öffentlich-rechtlichen und die privaten Gläubiger. Zu den öffentlich-rechtlichen zählen der Staat oder das Land, das von einer Behörde oder einem Amt wie Arbeits-, Sozial- oder Finanzamt vertreten wird.

Die Forderungen von öffentlich-rechtlichen Gläubigern stehen in zwei ganz wesentlichen Punkten im Gegensatz zu denen, die von Privatgläubigern eingereicht werden dürfen. Zunächst einmal benötigen die öffentlich-rechtlichen Gläubiger bei der Durchsetzung der Forderung keine gerichtliche Hilfe. Sie müssen nicht wie Privatgläubiger den Weg über das Mahnverfahren oder die Klage gehen, um einen »Titel« zu erwerben.

Üblicherweise entstehen die Forderungen dadurch, daß ein »ordnungsgemäßes Verwaltungsverfahren« abgelaufen ist. Das Arbeitsamt hat zuviel Leistung bezahlt und fordert nun auf, diese zurückzuzahlen. Nach der Anhörung ergeht von der Behörde ein Bescheid, gegen den man sich im Widerspruchsverfahren mit der entsprechenden Begründung wehren kann. Bleibt das Amt/die Behörde bei seiner/ihrer Entscheidung, erhält man den entsprechenden Widerspruchsbescheid, gegen den als Rechtsmittel nur noch die Klage vor dem zuständigen Gericht gegeben ist. Meistens kommt es jedoch nicht zur Klage. Die Ämter und Behörden sind berechtigt, eigene Beamte zur Vollstreckung einzusetzen, weil sie Vollstreckungshoheit haben.

Ein weiterer großer Unterschied gegenüber dem Privatgläubiger besteht darin, daß die gesetzlichen Bestimmungen, nach denen die Behörde verfahren muß, häufig auch Möglichkeiten vorsieht, den Schuldnern bei der Regulierung entgegenzukommen. So kann bei entsprechendem Antrag und entsprechender sozialer Begründung (Härtefall) durchaus die Möglichkeit gegeben sein, das Darlehen des Arbeitsamtes oder Sozialamtes nachträglich als Zuschuß zu bewilligen.

Es bleibt nach den entsprechenden Vorschriften der Bundes- oder Landeshaushaltsordnung die Möglichkeit eines Vergleiches, der Stundung, der Niederschlagung oder des Erlasses. Bei einer richtigen Begründung sind Behörden häufig entgegenkommender als Privatgläubiger. Schon allein die anfallenden Zinsen liegen bei weitem nicht so hoch wie sie von Privatgläubigern verlangt werden oder verlangt werden dürfen.

Unter privaten Gläubigern versteht man sozusagen alle anderen, die ihre Schulden durch den »ordentlichen Gerichtsweg« oder das Mahnverfahren beitreiben müssen. Zu den häufigsten Gläubigern zählen die Banken, die Vermieter, die Energieversorger und der Versandhandel; nach unten hin ließe sich die Liste beliebig fortsetzen. Je nachdem, bei wem die Schulden bestehen, muß man eine Rangfolge aufstellen, wie sie oben ausführlich beschrieben wurde (siehe Seite 84 ff.).

Die Schuldensituation kann man in drei Phasen einteilen. Die erste Phase ist der Zeitraum, bevor der Gläubiger Maßnahmen gegen den Schuldner ergreift. In die zweite Phase fallen dann die Maßnahmen, die der Gläubiger ergreift und die dann nahtlos in die dritte Phase übergehen. In

Die Ämter und Behörden sind berechtigt, eigene Beamte zur Vollstreckung einzusetzen, weil sie Vollstreckungshoheit haben

Unter privaten Gläubigern versteht man sozusagen alle anderen, die ihre Schulden durch den »ordentlichen Gerichtsweg« oder das Mahnverfahren beitreiben müssen

dieser sind dann die Maßnahmen der Gläubiger in vollem Gange und zwingen ständig zu Reaktionen. Deshalb sollte man rechtzeitig tätig werden. Jede Phase kostet viel Geld, das zusätzlich bezahlt werden muß und die Schulden kräftig anwachsen läßt. Außerdem kann auch noch zusätzlicher Ärger mit dem Arbeitgeber oder der kontoführenden Bank hinzukommen.

Man muß unterscheiden, ob die Forderung »tituliert« ist oder nicht, d. h. also die Phase eins besteht (siehe Grafik »Titelarten« auf Seite 99). Man sollte den Gläubiger um die entsprechenden Stundungsmöglichkeiten bitten und Ratenzahlungen anbieten. Vor jedem Angebot ist zu prüfen, ob überhaupt gezahlt werden muß und ob die »Nebenforderungen« (z. B. Kosten für Rechtsanwalt, Mahnungen oder Zinsen) gerechtfertigt sind. Wenn man Ratenzahlungen anbietet, müssen diese vernünftig kalkuliert sein. Es ist besser, kleinere Raten anzubieten und diese auch einzuhalten als großspurige Versprechen abzugeben.

Bei den Ratenzahlungen, die man vereinbart, sollte man an seinen Haushaltsplan denken. Die vereinbarten Raten müssen in einem angemessenen Verhältnis zu den anfallenden Zinsen stehen. Gerade Banken und Versandhäuser, vertreten durch die Inkassobüros, nehmen häufig überhöhte Zinsen. Sie lassen auch gerne, trotz regelmäßiger Zahlungen, die Forderungen anwachsen.

Wichtig ist zu wissen, wo die Pfändungsfreigrenze liegt (siehe Seite 96 ff.). Nur in Ausnahmefällen sollten Beträge, die unter diese Grenze fallen, gezahlt werden, und nur dann, wenn bei der Forderung auch ein Ende abzusehen ist. Nichts oder nur im äußersten Notfall sollte gezahlt werden, wenn man im Bereich des Sozialhilfesatzes liegt (z. B. um den Strom zu erhalten, falls das Sozialamt die Kosten nicht übernimmt).

Jede Phase kostet viel Geld, das zusätzlich bezahlt werden muß und die Schulden kräftig anwachsen läßt

Es ist besser, kleinere Raten anzubieten und diese auch einzuhalten als großspurige Versprechen abzugeben

Nichts oder nur im äußersten Notfall sollte gezahlt werden, wenn man im Bereich des Sozialhilfesatzes liegt

Um seine Ansprüche aber vor der Verjährung zu sichern und nicht zu früh abzuschreiben, wird der Gläubiger in die zweite Phase gehen und Maßnahmen gegen den Schuldner ergreifen.

Man sollte dem Gläubiger unbedingt nach dem Mahnverfahren regelmäßig Informationen über seine Zahlungswilligkeit und gegebenenfalls über seine Zahlungsunfähigkeit zukommen lassen. Jeder Gläubiger ist verpflichtet, keine unnötigen Kosten zu produzieren. Außerdem muß man dem Gläubiger mitteilen, daß z. B. eine eidesstattliche Versicherung abgegeben und daß bereits fruchtlos gepfändet wurde.

Jeder Gläubiger ist verpflichtet, keine unnötigen Kosten zu produzieren

Spätestens in Phase drei verstärkt sich der Druck der Gläubiger. Jetzt muß man Existenzsicherung und Schadensbegrenzung betreiben, indem man darauf achtet, daß man nicht durch die Maschen der Rechtsprechung fällt (Doppelpfändung), d. h., das Arbeitsentgelt und das Konto ist vor unberechtigtem Zugriff zu schützen.

Besonders unangenehm sind die Vorgehensweisen von Inkassounternehmen. Somit seien hier ein paar Tips für den Umgang mit Inkassobüros genannt. Inkassokosten brauchen nicht bezahlt zu werden, wenn der Gläubiger vorher wußte, daß man zahlungswillig, aber zahlungsunfähig war. Dem Inkassobüro also nichts, auch nicht die kleinste Summe und selbst nicht unter Druck an der Haustür zahlen. Andernfalls erkennt man die Forderung an und beweist damit, daß seine Tätigkeit erfolgreich war.

→ Inkassounternehmen

Dem Inkassobüro also nichts, auch nicht die kleinste Summe und selbst nicht unter Druck an der Haustür zahlen

Inkassobüros dürfen nur außergerichtlich tätig sein und benötigen dazu eine Erlaubnis des Präsidenten des Landgerichtes in dem Bezirk des Firmensitzes. Diese Erlaubnis läßt man sich vorlegen. Inkassobüros handeln in eigenem Namen, weil die Forderung an sie abgetreten wurde, oder sie haben eine Inkassovollmacht. Diese kann angefordert werden; auch das hilft vielleicht, etwas Zeit zu gewinnen. Wenn Inkassobüros überhaupt Kosten erheben dürfen, dann müssen sie sich an den Gebühren für Rechtsanwälte orientieren. Sie sind keinesfalls berechtigt, mehr zu verlangen. Bei einem Gegenstandswert von bis zu 300 D-Mark dürfen nicht mehr als 50 D-Mark Gebühren gefordert werden. In diesen Gebühren sind bereits 15 Prozent Auslagenpauschale sowie die Mehrwertsteuer enthalten. Bei einem Gegenstandswert von 1.800 D-Mark dürfen nicht mehr als 130 D-Mark, bei einem Wert von 3.000 D-Mark nicht mehr als 210 D-Mark genommen werden. Bei 5.000 D-Mark sind es »erst« 320 D-Mark, bei 6.000 D-Mark 375 D-Mark.

Überhöhte Forderungen können als unberechtigt zurückgewiesen werden. Entweder wird diese Angelegenheit im Vorfeld geklärt und die überzogenen Forderungen auch als Verhandlungstaktik benutzt, oder man legt beim Mahnbescheid gegen die entsprechenden Teile der Forderung Teilwiderspruch ein.

Schuldenregulierung

Bevor man sich um die Regulierung von Schulden bemüht, muß der rechtliche Tatbestand eindeutig abgeklärt sein. Bestehen die Schulden überhaupt zu Recht, oder kann vielleicht der Einwand der Verjährung geltend gemacht werden? Selbst die Zahlung von kleinen Summen kann Verjährungsfristen unterbrechen. Sind die Verträge in Ordnung oder fehlen Angaben, die entweder Teile oder den ganzen Vertrag ungültig machen? Stimmen die Fristen? Sind die Zinsen in dieser Höhe berechtigt? War eine Vertragskündigung überhaupt möglich? Um welche Verträge handelt es sich? Welche Folgen ergeben sich daraus? Wenn all dies und noch mehr geprüft wurde, dann können die im folgenden beschriebenen Schritte eingeleitet werden:

Stundung (auch zinsfrei)

Wenn man nicht in der Lage ist, die ganze Summe oder die vereinbarten Raten zu zahlen, bittet man um zinsfreie Stundung für einen bestimmten Zeitraum. Man gibt an, ab wann man wieder zahlen kann, wobei ein Sicherheitsmonat einkalkuliert werden sollte.

Zinsreduzierung – Zinserlaß

Man trägt dem Gläubiger seine Situation vor und bittet um eine Zinsreduzierung oder sogar einen Zinserlaß. Man erklärt dem Gläubiger, warum dies für ihn vorteilhaft sein könnte.

Festschreibung

Durch Zinsen und Kosten können die Forderungen rasch anwachsen, sich binnen vier bis fünf Jahren sogar verdoppeln. Eine Festschreibung der Summe wäre wichtig. Die meisten Gläubiger haben kein Interesse, eine Forderung ewig und vielleicht noch vergeblich zu verfolgen. Der Gläubiger ist daran interessiert, auch seine Ausgaben so gering wie möglich zu halten. Mahnungen, Überwachungen von Zahlungseingängen, Buchungen und Zwangsmaßnahmen kosten den Gläubiger erst einmal eigenes Geld, das er später abwälzen will oder kann. Deswegen sollte man ihm ein Angebot machen, eine Summe »festzuschreiben«, d.h. sie auf einen bestimmten Betrag zu beschränken, der nicht mehr durch Zinsen anwächst. Das Angebot muß auch tatsächlich eingehalten werden, sonst sind alle getroffenen Abmachungen hinfällig.

Der Gläubiger ist daran interessiert, auch seine Ausgaben so gering wie möglich zu halten

Umschuldung

Man versucht, einen neuen Kredit zu erhalten, um die anderen Schulden abzubezahlen. Jedoch ist dies nur in besonderen Einzelfällen und bei günstigeren Bankkonditionen als vorher zu empfehlen, z. B., wenn der neue Kredit zu wesentlich geringeren Zinssätzen als der frühere angeboten wird.

Vergleich

Wenn man Erfolg hat bei der Geldbeschaffung, etwa durch die Hausbank, durch Erbschaft oder Lohnsteuerjahresausgleich, bietet man dem Gläubiger einen Vergleich an; man unterbreitet ihm, einen bestimmten Betrag zu einem bestimmten Zeitpunkt zu zahlen. Man sollte der Gesamtforderung des Gläubigers die Hauptforderung gegenüberstellen, an der man sich orientiert.

Ratenzahlung (mit Summenfestschreibung)

Wenn eine Forderung nicht sofort beglichen werden kann und es keine Zweifel an der Rechtmäßigkeit gibt, bietet man Ratenzahlungen an. Die angebotenen Raten müssen in einem gesunden Verhältnis zu den Einnahmen stehen und vom Schuldner auch tatsächlich leistbar sein. Man sollte nicht die finanziellen Möglichkeiten überschätzen (Haushaltsplan). Die Rate muß auch Sinn machen: 20 D-Mark Rate monatlich zu zahlen, wenn 80 D-Mark Zinsen monatlich anfallen, ist unsinnig.

Die Ratenzahlung muß man auch in ein gesundes Verhältnis zu dem Betrag setzen, den der Gläubiger sonst durch Pfändungsmaßnahmen bekommen würde. Warum sollte er mit einer monatlichen Rate von

Die angebotenen Raten müssen in einem gesunden Verhältnis zu den Einnahmen stehen und vom Schuldner auch tatsächlich leistbar sein

50 D-Mark zufrieden sein, wenn er vielleicht 500 D-Mark pfänden könnte. Man erklärt dem Gläubiger, warum diese Lösung (50 D-Mark Rate) für ihn die bessere ist, z. B. weil man bei Pfändungseingang die Arbeit verlieren würde und dann bald gar nichts mehr pfändbar wäre.

Auf jeden Fall sind die Rahmenvereinbarungen einzuhalten. Falls an mehrere Gläubiger gezahlt werden muß, bedeutet dies, daß auch andere Anspruch auf Geld erheben. Wenn mehrere Gläubiger Raten bekommen und von allen »wenig Gefahr« für Zwangsmaßnahmen ausgeht, versucht man, im Rahmen seiner finanziellen Möglichkeiten dafür zu sorgen, daß diejenigen Gläubiger mit den kleineren Forderungen zuerst ausbezahlt werden.

Auf jeden Fall sind die Rahmenvereinbarungen einzuhalten

Teilerlaß

Es besteht die Möglichkeit, bei den Gläubigern einen Teilerlaß zu beantragen. Man beweist dem Gläubiger seine Zahlungsunfähigkeit und erklärt ihm, warum sich daran in absehbarer Zeit nichts ändern wird. Wenn bisher schon große Teile der Forderung zurückgezahlt wurden und eventuell nur noch Zinsen oder Kosten offen sind, kann es sein, daß sich der Gläubiger darauf einläßt.

Man beweist dem Gläubiger seine Zahlungsunfähigkeit und erklärt ihm, warum sich daran in absehbarer Zeit nichts ändern wird

Erlaß

Für den Erlaß gelten dieselben Möglichkeiten wie für den Teilerlaß. Nur ist dies für den Gläubiger ein entscheidender Schritt, da er bisher ja möglicherweise noch gar kein Geld bekommen hat. Wer verzichtet schon gerne auf sein Geld oder zumindest auf den Anspruch darauf. Sofern es sich um eine geringe Forderung handelt, deren Beitreibung Mühe und Kosten macht, sind die Chancen auf Erlaß bisweilen nicht schlecht. Jedenfalls dann, wenn nachgewiesen wird, daß die Beitreibungsmaßnahmen nicht zum Erfolg führen können, da kein Besitz vorhanden ist.

Mahnverfahren

Wenn zwischen Gläubiger und Schuldner ein Schuldverhältnis besteht (z. B. Kredit), ist der Schuldner (Kreditnehmer) verpflichtet, die vereinbarte Summe oder Rate an – oder bis zu einem bestimmten Zeitpunkt zurückzuzahlen. Wenn der Schuldner dies nicht tut, versucht der Gläubiger an »sein« Geld zu kommen. Dafür sieht das Gesetz einen bestimmten Rahmen vor, der allgemein als das Mahnverfahren bezeichnet wird, nicht aber mit der Mahnung gleichzusetzen ist.

Nicht in jedem Fall muß der Gläubiger vor der Beitreibung seiner Forderung auch mahnen, also eine schriftliche Aufforderung zur Begleichung der Rate, Rechnung oder sonstiges schicken. Besteht bei dieser Vertragsgestaltung keine Mahnpflicht (z. B. Miete), wird die Forderung trotzdem fällig, weil der Schuldner im Rückstand ist. Wenn er wollte, könnte der Gläubiger sofort außergerichtlich oder gerichtlich gegen den Schuldner vorgehen.

Obwohl der Gläubiger dazu in bestimmten Fällen nicht verpflichtet ist, wird er dennoch mahnen. Bei bestimmten Vertragsverhältnissen sind zwei Mahnungen üblich, auf denen jedesmal eine Frist gesetzt wird. Ist diese Frist versäumt, gerät der Schuldner in Verzug. Erst dann besteht das Recht, den Vertrag zu kündigen.

Sofern es beim Schuldner jetzt nicht reicht, die Forderung nach einem Kassensturz zu begleichen oder wenigstens Teile aufzubringen, hat

Nicht in jedem Fall muß der Gläubiger vor der Beitreibung seiner Forderung auch mahnen

der Gläubiger zwei Möglichkeiten: Entweder er betreibt das Mahnverfahren, oder er reicht direkt beim zuständigen Gericht Klage ein.

Das Gericht prüft nicht (kann gar nicht prüfen), ob die Forderung zu Recht besteht, sondern »erläßt« einen Mahnbescheid, und der berühmte »blaue Brief« kommt ins Haus. Falls der Empfänger nicht zu Hause ist, wird eine Benachrichtigung in den Briefkasten gesteckt oder das Schreiben auf dem Postamt hinterlegt. Auch danach gilt der Mahnbescheid als zugestellt. Selbst wenn er nicht abgeholt wird, beginnt nun eine vierzehntägige Frist. Wer diesen Brief nachweislich nicht abholen konnte, weil er z. B. im Urlaub oder Krankenhaus war, kann zu einem späteren Zeitpunkt »Wiedereinsetzung in den vorherigen Stand« beantragen.

Das Gericht prüft nicht, ob die Forderung zu Recht besteht, sondern »erläßt« einen Mahnbescheid, und der berühmte »blaue Brief« kommt ins Haus

Sobald man den Mahnbescheid in den Händen hält, sollte man sofort überprüfen, ob die Forderung berechtigt ist. Man kontrolliert alles, sieht alte Rechnungen durch, überprüft die Zinshöhe und untersucht, ob die geforderten Inkassokosten zu Recht bestehen.

Nur wenn Widerspruch eingelegt wird, überprüft das Gericht die Angelegenheit. Nun müssen in einem Gerichtsverfahren beide Seiten beweisen, ob sie im Recht sind. Der Verlierer trägt die Kosten. Wenn also Forderung, Zinsen und Kosten berechtigt sind, ist von einem Widerspruch abzuraten, denn es fallen nur weitere Kosten für den Schuldner an. Bestehen nur bei Teilen der Forderung Zweifel, gilt es abzuwägen.

Gegen den Mahnbescheid kann innerhalb von zwei Wochen (nach Eingang bzw. Hinterlegung) Widerspruch eingelegt werden. Man kann der gesamten Forderung widersprechen, wenn man längst bezahlt hat oder die Forderung vielleicht gar nicht fällig war. Man kann aber auch gegen Teile Einwand erheben, falls man mit den Zinsen oder den Inkassokosten vielleicht wegen der Höhe nicht einverstanden ist.

Ein verspätet vorgebrachter Widerspruch gegen den Mahnbescheid gilt später als Einspruch beim Vollstreckungsbescheid, sofern der Gläubiger diesen beantragt.

Ein verspätet vorgebrachter Widerspruch gegen den Mahnbescheid gilt später als Einspruch beim Vollstreckungsbescheid, sofern der Gläubiger diesen beantragt

Wird gegen den Mahnbescheid kein Widerspruch eingelegt, kann der Gläubiger beim zuständigen Gericht einen Antrag auf Vollstreckungsbescheid stellen. Gegen den erlassenen und zugestellten Vollstreckungsbescheid kann binnen zwei Wochen Einspruch eingelegt werden, wiederum gegen die ganze Forderung (inzwischen bezahlt) oder gegen Teile, die angezweifelt werden. Aber jetzt sieht die Situation schon bedrohlicher aus, denn der erlassene Vollstreckungsbescheid, gegen den der Einspruch des Schuldners noch läuft, ist schon jetzt vorläufig vollstreckbar. Der Gläubiger kann also schon den Gerichtsvollzieher beauftragen, um Teile des Einkommens oder Sachwerte zu pfänden. Der Einspruch hat die Wirkung, daß der Vollstreckungsbescheid noch nicht endgültig wird. Wird er endgültig, dann ist die Forderung des Gläubigers eine titulierte Forderung oder ein Schuldtitel (kurz »Titel« genannt). Ansprüche, für die ein Titel vorliegt, verjähren erst nach 30 Jahren.

Der Gläubiger hat seinen Titel (in Form einer Urkunde oder Urteil) und kann jetzt in die Zwangsvollstreckung gehen. Neben dem Vollstreckungsbescheid gibt es natürlich noch verschiedene andere Titel, die u. a. der nachstehenden Grafik entnommen werden können:

Der Gläubiger hat seinen Titel und kann jetzt in die Zwangsvollstreckung gehen

Zuständigkeit:
- Amtsgericht bis 10.000 D-Mark Streitwert (ohne Anwalt)
- Landgericht ab 10.000 D-Mark Streitwert (Anwaltszwang)
- Ehescheidung – immer Anwaltszwang

Man sollte es möglichst nicht zu einer Zwangsvollstreckung kommen lassen, denn dies ist ein kostenträchtiges und bisweilen auch unangenehmes Verfahren.

Man sollte es möglichst nicht zu einer Zwangsvollstreckung kommen lassen

> **Wichtigste Titelarten:**
> 1. Urteil
> 2. Vollstreckungsbescheid
> 3. Notarielles Schuldanerkenntnis
> 4. Vergleich vor Gericht
> 5. Vergleich beim Anwalt mit beantragtem vollstreckbaren Titel
> 6. Bescheide einer Behörde (z. B. Finanzamt – Steuerbescheide)
> 7. Titel aus Strafverfahren
> 8. Kostenfestsetzungsbeschluß

Wenn ein rechtskräftiger Titel besteht und der Schuldner seiner Zahlungsverpflichtung nicht nachkommt, kann vollstreckt werden. Der Gläubiger bedient sich hierzu eines der vom Staat vorgeschriebenen Organe, des Gerichtsvollziehers. Öffentlich-rechtliche Gläubiger (Finanzamt) haben eigene Vollstreckungsbeamte, bei Forderungen des Arbeitsamtes meldet sich das Hauptzollamt. Die Vollstreckungskosten, die der Gläubiger verauslagt, um durch diese Zwangsmaßnahmen seine Forderung einzutreiben, werden später vom Schuldner zurückgefordert.

Es bestehen unterschiedliche Vollstreckungsarten. In erster Linie ist die Zwangsvollstreckung wegen einer Geldforderung zu nennen, die im folgenden besprochen wird. Es gibt aber auch die Zwangsvollstreckung wegen des Herausgabeanspruches (z. B. räumt der Gerichtsvollzieher in letzter Konsequenz die Wohnung).

Wird wegen Geldforderungen zwangsvollstreckt, gibt es drei unterschiedliche Bereiche:

1. die Vollstreckung in bewegliche Sachen, d. h. Gegenstände, die Eigentum sind und inner- bzw. außerhalb der Wohnung oder auch der Geschäftsräume stehen (z. B. Auto, Boot, Schmuck, Wertgegenstände, Fotoapparate usw.);
2. die Forderungspfändung in Geld oder Rente (Lohn, Gehalt, Rente usw.);
3. die Vollstreckung in unbewegliche Sachen (Grundstück, Haus, Eigentumswohnung).

Bei der Vollstreckung in bewegliche Sachen (Sachpfändung) kommt der entsprechende Vollstreckungsbeamte in die Wohnung, durchsucht nach pfändbarer Habe und klebt auf die entsprechenden Gegenstände das berühmte Pfandsiegel, auch »Kuckuck« genannt.

Bestimmte Gegenstände sind unpfändbar, dazu gehört der normale Hausrat. Der Gerichtsvollzieher wird nichts pfänden und später abholen lassen, dessen Verwertung unverhältnismäßig ist, d. h. auf einer späteren Versteigerung wenig Wert erzielt.

Der Gerichtsvollzieher kann in der Regel vor Ort, also in der Wohnung, nicht prüfen, ob es tatsächlich das Eigentum des Schuldners oder seiner Familie bzw. Freundin ist. Er geht grundsätzlich von der Eigentumsvermutung aus, es sei denn, man kann sofort beweisen, daß einem der Gegenstand nicht gehört (z. B. Leasingvertrag vorlegen), oder es ist klar erkennbar, daß einem der Gegenstand nicht gehört. In der Regel muß der Eigentümer später nachweisen, daß ihm die Sachen gehören und dann die entsprechende Drittwiderspruchsklage einlegen.

Bestimmte Gegenstände sind unpfändbar, dazu gehört der normale Hausrat

Sind Sachen zur persönlichen Erwerbstätigkeit erforderlich, dürfen diese nicht gepfändet werden, wie der Fotoapparat des Fotografen, die Schreibmaschine oder der Computer für den Journalisten usw. Schwierigkeiten kann es beim Auto geben, da der Vertreter z. B. auf das Auto angewiesen ist, der Journalist jedoch auch mit dem Bus fahren kann.

Der Gerichtsvollzieher darf übrigens die Wohnung durchsuchen, auch den Kleiderschrank. Er meldet sich in der Regel an und gibt auch die Möglichkeit, ihm vor oder während des Besuches noch Vorschläge für Ratenzahlungen zu unterbreiten. Ihn nicht hereinzulassen, ist keine Lösung, ja sogar schädlich und kostenträchtig, denn er darf die Wohnung auch aufbrechen und unter Zeugen durchsuchen lassen.

Der Gerichtsvollzieher darf übrigens die Wohnung durchsuchen, auch den Kleiderschrank

Es ist jedoch nicht ratsam, dem Gerichtsvollzieher mitzuteilen, wo man arbeitet, wie der Arbeitgeber heißt und wie viel man verdient, denn er fertigt ein Pfändungsprotokoll an, von dem der Schuldner später eine Kopie erhält. Auch der Gläubiger bekommt eine Kopie und weiß dann sofort, wie und wo er den nächsten Schritt planen kann.

Findet der Gerichtsvollzieher nichts Pfändbares und hat der Schuldner oder seine Angehörigen die Frage nach Arbeitgeber usw., sofern gestellt, nicht beantwortet, erhält der Schuldner, aber auch der Gläubiger, eine entsprechende Bescheinigung, auf der die Fruchtlosigkeit der Pfändung bestätigt wird.

Der Gerichtsvollzieher ist berechtigt, den Schuldner und seine Angehörigen nach Arbeitgeber und Kontoverbindung zu fragen, man kann aber die Auskunft verweigern (§ 806a Zivilprozeßordnung)

Damit hat der Gläubiger die Möglichkeit zu erwirken, daß der Schuldner seine Vermögensverhältnisse durch Abgabe einer eidesstattlichen Versicherung vor einem »ordentlichen Gericht« offenbart. Der Schuldner erhält nach entsprechendem Zeitablauf eine Ladung vom zuständigen Amtsgericht mit einem mehrseitigen Formular, in dem alle wirtschaftlichen Daten abgefragt werden. Es wird nach Versicherungen, Kontoverbindung, Arbeitgeber u.a. gefragt. Der Gläubiger kann dann also sehen, ob noch woanders etwas zu holen ist (z. B. Lebensversicherung, Boot, Reitpferd). Der Schuldner ist verpflichtet, all diese Angaben richtig zu machen und auch zum Termin zu erscheinen. Notfalls wird gegen ihn ein Haftbefehl erlassen, bis er diese eidesstattliche Versicherung abgegeben hat.

Es gibt nur drei Möglichkeiten, weswegen man bei Schulden ins Gefängnis kommen kann:

1. die grobe Verletzung der Unterhaltspflicht, die als ein Straftatbestand geahndet wird;
2. die Ersatzfreiheitsstrafe, falls man eine ausgesprochene Geldstrafe nicht bezahlt;
3. die Vollstreckung des Haftbefehls durch den Gerichtsvollzieher bis zur Abgabe der eidesstattlichen Versicherung. Dies ist eine sogenannte Beugehaft. Selbst wenn man sich der Beugehaft (bis zu sechs Monate) unterzieht, sind die Schulden nicht getilgt.

Man kann allerdings die eidesstattliche Versicherung noch beim Termin der Abgabe verweigern, falls man vertretbare Ratenzahlungen anbietet, sofern dieses noch möglich ist. Der zuständige Rechtspfleger, bei dem diese Erklärung abgegeben wird, läßt sich darauf ein, wenn man glaubhaft versichern kann, daß binnen der nächsten drei Monate die Schulden getilgt werden.

Die eidesstattliche Versicherung wird in das örtliche Schuldnerverzeichnis eingetragen, das jeder einsehen kann. Dies kann zum einen zu Komplikationen bei einer späteren Beurteilung der Kreditwürdigkeit füh-

Die eidesstattliche Versicherung wird in das örtliche Schuldnerverzeichnis eingetragen, das jeder einsehen kann

ren, zum anderen hat es aber auch nicht wenige Fälle gegeben, in denen Banken von ihrem Kündigungsrecht nach Bekanntwerden der eidesstattlichen Versicherung Gebrauch gemacht haben. Besonders erschwert, ja nahezu unmöglich wird die Eröffnung eines Kontos nach abgegebener eidesstattlicher Versicherung.

Andererseits kann die eidesstattliche Versicherung auch ein Schutz vor dem Zugriff anderer Gläubiger sein, die dadurch sehen, daß im Augenblick »nichts zu holen ist«. Die eidesstattliche Versicherung gilt in der Regel für drei Jahre. Bei berechtigtem Verdacht auf Änderung der Vermögensverhältnisse kann ein Gläubiger auch früher eine neue Abgabe verlangen. Ein Arbeitsloser könnte ja z. B. inzwischen eine Arbeit gefunden haben.

Die Forderungspfändung ist wegen ihrer Häufigkeit von besonderer Bedeutung. Nicht eine Sache wird durch den Gerichtsvollzieher gepfändet, sondern die Forderungen eines Schuldners gegen einen Dritten. Der Schuldner erhebt somit gegen seinen Arbeitgeber eine Lohnforderung. In dieses Recht pfändet dann der Gläubiger ein. Auf Antrag des Gläubigers erläßt das zuständige Gericht einen sogenannten Pfändungs- und Überweisungsbeschluß zugunsten des Gläubigers, der dem Arbeitgeber, d. h. dem Dritten, präsentiert wird. Der Dritte kann natürlich auch jeder andere Geldgeber sein, sofern diese Geldmittel pfändbar sind.

Die Forderungspfändung ist wegen ihrer Häufigkeit von besonderer Bedeutung

Durch den Eingang eines Pfändungs- und Überweisungsbeschlusses wird z. B. der Arbeitgeber oder auch das Arbeitsamt zum sogenannten »Drittschuldner«. Der Drittschuldner (hier also der Arbeitgeber) ist verpflichtet, die pfändbaren Teile des Lohnes an den Gläubiger auszuzahlen.

Der Drittschuldner (hier also der Arbeitgeber) ist verpflichtet, die pfändbaren Teile des Lohnes an den Gläubiger auszuzahlen

Liegt eine Vorpfändung vor (Anmeldung beim Arbeitgeber, daß ein Pfändungs- und Überweisungsbeschluß beantragt wurde), muß z. B. der Arbeitgeber den pfändbaren Teil des Einkommens einbehalten und auf den Pfändungs- und Überweisungsbeschluß warten. Danach hat man auch den einbehaltenen Teil abzuführen. Der Drittschuldner ist ebenfalls dazu verpflichtet, den »wartenden« Gläubigern eine sogenannte Drittschuldnererklärung zu geben. Er muß den Gläubigern Fragen zu ihrer Reihenfolge beantworten und den Zeitpunkt angeben, wann mit Zahlungen gerechnet werden kann.

Nun kommt es aber häufig vor, daß die Banken Kreditgeber sind, die sich zu 99 Prozent schon bei der Kreditvergabe eine Abtretungserklärung aller pfändbaren Einkommensteile unterschreiben lassen. Diese sogenannte Abtretung hat die gleiche Wirkung wie ein Pfändungs- und Überweisungsbeschluß. Zudem hat sie noch den Vorteil, daß der Inhaber dieser Abtretung nicht den mühsamen und zeitraubenden Weg über das Gericht gehen muß, sondern sie dem Arbeitgeber sofort präsentieren kann. Dann sind auch die pfändbaren Teile des Einkommens aufgrund dieser Abtretung an die Bank auszuzahlen. Auch kann die Abtretung die Rangfolge kippen, wenn sie ein früheres Datum als der eingegangene Pfändungs- und Überweisungsbeschluß trägt.

Diese sogenannte Abtretung hat die gleiche Wirkung wie ein Pfändungs- und Überweisungsbeschluß

Nach § 850c der Zivilprozeßordnung (ZPO) wird der pfändbare Teil des Einkommens in einer Tabelle abgelesen. Das Einkommen muß vorher um die »absolut unpfändbaren« und um die »bedingt pfändbaren Bezüge« bereinigt werden. Der pfändbare Teil des Einkommens hängt von der Höhe des Netto-Einkommens (minus eventuell bereinigter Beträge) und der Zahl der unterhaltsberechtigten Personen wie eheliche oder uneheliche Kinder,

Das Einkommen muß vorher um die »absolut unpfändbaren« und um die »bedingt pfändbaren Bezüge« bereinigt werden

Ehegatten (auch geschiedene oder getrennt lebende), Eltern, Großeltern und Enkel ab.

Bei jeder Pfändung sollte der Betrag laut Tabelle dem »sozialhilferechtlichen Bedarf« gegenübergestellt werden. Abhängig von den Freibeträgen, die das Gesetz vorsieht, muß hier auch die Miete berücksichtigt werden. Dann kann sich leicht herausstellen, daß ein geringerer Betrag als der laut Tabelle zu pfänden wäre. Man reicht diese Bescheinigung beim zuständigen Gericht ein und bittet um »Anhebung« des »gesetzlichen Pfändungsfreibetrages«. Nur allein die Höhe der Miete kann schon Voraussetzung für eine gerichtliche Anhebung sein. Dazu können noch Freibeträge für Krankheit oder Schwerbeschädigung sowie für Kinder kommen.

Bei jeder Pfändung sollte der Betrag laut Tabelle dem »sozialhilferechtlichen Bedarf« gegenübergestellt werden

Drei einfache Beispiele sollen dies veranschaulichen:

Beispiel 1

Peter Z., ledig, keine Unterhaltsverpflichtung,
monatliche Miete 300,00 DM
Einkommen: 2.000 DM netto/pfändbar laut Tabelle 553,70 DM
Beispiel für Berlin
(unterschiedliche Regelsätze in den anderen Bundesländern)

Theorie für Arbeitgeberamt
2.000,00 DM netto
./. 553,70 DM pfändbar (Tabelle)
1.446,30 DM Rest zum Leben

Sozialhilfebedarf laut Sozialamt
520,00 DM Regelsatz
300,00 DM Miete
130,00 DM Pauschale für Bekleidung
260,00 DM Freibetrag wegen Arbeit
75,00 DM Fahrtkosten wegen Arbeit
10,00 DM Arbeitsmittelpauschale

**Feststellung des Gerichts auf Antrag
(§ 850 f ZPO)**
2.000,00 DM netto
./. 1.295,00 DM Sozialhilfebedarf
705,00 DM Pfändbarer Betrag

1.295,00 DM Sozialhilfebedarf

Mit dem »Überschuß« von 705,00 DM kann der Pfändungsbetrag von 553,70 DM »locker« beglichen werden. Es bleibt sogar noch etwas übrig.

Beispiel 2

Peter Z., ledig, keine Unterhaltsverpflichtung,
monatliche Miete 500,00 DM
Einkommen: 2.000 DM netto/pfändbar laut Tabelle 553,70 DM
Beispiel für Berlin
(unterschiedliche Regelsätze in den anderen Bundesländern)

Theorie für Arbeitgeberamt	Sozialhilfebedarf laut Sozialamt
2.000,00 DM netto	520,00 DM Regelsatz
./. 553,70 DM pfändbar (Tabelle)	500,00 DM Miete
1.446,30 DM Rest zum Leben	130,00 DM Pauschale für Bekleidung
	260,00 DM Freibetrag wegen Arbeit
	75,00 DM Fahrtkosten wegen Arbeit
	10,00 DM Arbeitsmittelpauschale

Feststellung des Gerichts auf Antrag
(§ 850 f ZPO)

2.000,00 DM netto
./. 1.495,00 DM Sozialhilfebedarf 1.495,00 DM Sozialhilfebedarf
505,00 DM Pfändbarer Betrag

Statt 553,70 DM laut Tabelle müßte (sollte) das Gericht den pfändbaren Betrag auf 505,00 DM festsetzen.

Beispiel 3

Peter Z., ledig, keine Unterhaltsverpflichtung,
monatliche Miete 800,00 DM
Einkommen: 2.000 DM netto/pfändbar laut Tabelle 553,70 DM
Beispiel für Berlin
(unterschiedliche Regelsätze in den anderen Bundesländern)

Theorie für Arbeitgeberamt	Sozialhilfebedarf laut Sozialamt
2.000,00 DM netto	520,00 DM Regelsatz
./. 553,70 DM pfändbar (Tabelle)	800,00 DM Miete
1.446,30 DM Rest zum Leben	130,00 DM Pauschale für Bekleidung
	260,00 DM Freibetrag wegen Arbeit
	75,00 DM Fahrtkosten wegen Arbeit
	10,00 DM Arbeitsmittelpauschale

Feststellung des Gerichts auf Antrag
(§ 850 f ZPO)

2.000,00 DM netto
./. 1.815,00 DM Sozialhilfebedarf 1.815,00 DM Sozialhilfebedarf
185,00 DM Pfändbarer Betrag

Diesen Betrag von 185,00 DM müßte (sollte) das Gericht festsetzen statt des ursprünglich vom Arbeitgeber abgeführten Betrages laut Tabelle.

Bei der Pfändung müssen folgende Punkte berücksichtigt werden:

Besondere Grenzen bei Unterhaltspfändungen
Wer sich bei Lohnpfändungen an die erste Stelle setzen kann, hängt von der Reihenfolge der eingegangenen Pfändungs- und Überweisungsbeschlüsse ab, sofern nicht eine eingereichte Abtretung diese Rangfolge verändert. Ohne den Schuldner vorher anzuhören, setzt das Vollstreckungsgericht einen Pfändungsfreibetrag fest, der über den Beträgen in der Tabelle liegt. Dem Schuldner wird ein sogenannter Selbstbehalt belassen, der regional unterschiedlich ist und sich auch an den Regelsätzen der Sozialhilfe orientiert.

Rechtsmittel
Das Vollstreckungsverfahren stellt ein kompliziertes System dar. Wenn man sich ungerecht behandelt fühlt, weil z. B. der gepfändete Gegenstand nachweislich nicht zum eigenen Besitz zählte oder einem durch die Pfändungsmaßnahmen beim Arbeitgeber nicht genug Geld zum Leben verbleibt, kann man sich beschweren bzw. Rechtsmittel einlegen.

Die wichtigsten Rechtsmittel sind: sofortige Beschwerde, Erinnerung, Vollstreckungsabwehrklage und Drittwiderspruchsklage.

Man geht einfach mit seinen Unterlagen zur Rechtsantragsstelle des Amtsgerichts, schildert seinen Fall und legt dann Rechtsmittel ein. Der Rechtspfleger ordnet dann entsprechend zu.

Die wichtigsten Rechtsmittel sind: sofortige Beschwerde, Erinnerung, Vollstreckungsabwehrklage und Drittwiderspruchsklage

Pfändungen von Sozialleistungen
Einige der Sozialgeldleistungen sind »unpfändbar«, so das Erziehungsgeld und die Sozialhilfe.

Andere Leistungen können bedingt gepfändet werden, d. h. das Wohngeld nur vom Vermieter, das Kindergeld nur vom Unterhaltsberechtigten usw.

In der letzten Gruppe stehen die Sozialleistungen, die wie das Arbeitseinkommen »voll pfändbar« sind. Dazu gehören Arbeitslosengeld, Unterhaltsgeld, Arbeitslosenhilfe, Renten, Krankengeld usw. Auch bei diesen Einkommensarten ist immer die Tabelle des § 850 c ZPO anzuwenden. Voraussetzung für die Pfändung von Sozialleistungen ist, daß der Bezieher durch die Pfändung nicht sozialhilfebedürftig werden darf. Dann entspräche die Pfändung nicht der »Billigkeit«.

Voraussetzung für die Pfändung von Sozialleistungen ist, daß der Bezieher durch die Pfändung nicht sozialhilfebedürftig werden darf

Kontopfändung von Sozialleistungen

Eine legale Möglichkeit des Gläubigers, an sein Geld zu kommen, bietet die Kontopfändung. So, wie er beim Arbeitgeber seinen Pfändungs- und Überweisungsbeschluß vorlegt, kann er dies auch bei der Bank des Schuldners machen, vorausgesetzt er kennt sie.

Sozialleistungen (nicht nur Sozialhilfe), die auf einem Konto eingehen, sind nach dem Gesetz (§ 55 Sozialgesetzbuch I) für die Dauer von sieben Tagen nicht pfändbar. Innerhalb dieser Frist muß die Bank diese Sozialleistungen an den Schuldner auszahlen. Ist der Bank nicht bekannt, daß es sich um Sozialleistungen handelt, muß der Schuldner dieses nachweisen (z. B. durch den Bescheid des Arbeitsamtes, Krankenkasse usw.). Nach dieser Sieben-Tage-Frist kann die Bank an den Gläubiger auszahlen. Deshalb sollten soziale Leistungen immer sofort vom Konto abgehoben werden.

Sozialleistungen die auf einem Konto eingehen, sind nach dem Gesetz (§ 55 Sozialgesetzbuch I) für die Dauer von sieben Tagen nicht pfändbar

Nach dieser Sieben-Tage-Frist kann die Bank an den Gläubiger auszahlen

Bürgschaft

Häufiger Grund für ein Verfangen im Schuldenlabyrinth ist auch die Unterschrift für eine Bürgschaft. Bei den Banken erfreut sich dieses Verfahren großer Beliebtheit, denn der Bürge verpflichtet sich in jedem Fall, für die Zahlungsunfähigkeit des eigentlichen Kreditnehmers einzuspringen. Für die Bank hat dies den Vorteil, daß sie immer zwei Eisen im Feuer hat. Kann der ursprüngliche Kunde seine Schulden nicht zurückzahlen, wendet sich die Bank mit ihren Ansprüchen an den Bürgen.

Die sogenannte »selbstschuldnerische Bürgschaft« kommt am häufigsten vor. Durch diese Bürgschaftserklärung hat der Gläubiger das Recht, sofort gegen den Bürgen vorzugehen, wenn nur einmal die Zahlung des eigentlichen Kreditnehmers ausbleibt.

Die Bank braucht nicht erst den Kreditnehmer zu mahnen oder ihn mit dem geschilderten Mahnverfahren und den erklärten Pfändungsmaßnahmen zu verfolgen. Diese gleichen Maßnahmen kann sie sofort auch gegen den Bürgen einleiten. Der Bank ist es letztlich völlig gleich, von wem sie das Geld bekommt. Für den Bürgen jedoch kann das ausgesprochen fatale Folgen haben.

Gewöhnlich werden Bürgschaften aus »Liebe«, also vom Partner unterschrieben, deswegen nennen Fachleute diese Schulden auch »Schulden aus Liebe«. Meist unterschreibt die Ehefrau als Bürgin, manchmal sogar, obwohl sie kein oder nur ein geringes Einkommen hat. Da die Bank sonst den Kredit nicht gäbe, entsteht unter Umständen ein psychologischer Zwang, die Unterschrift zu leisten. Zum einen will man ja dem Partner helfen und ihn nicht hängen lassen, zum anderen glaubt man häufig nicht, daß die Liebe oder Freundschaft mal enden kann. Dann gibt es meistens

Häufiger Grund für ein Verfangen im Schuldenlabyrinth ist auch die Unterschrift für eine Bürgschaft

ein böses Erwachen. Ist der eigentliche Kreditnehmer zahlungsunfähig, z. B. durch niedriges Einkommen oder Arbeitslosigkeit, dann sind die Zahlungen durch den Bürgen fällig. Oft ist der Kreditnehmer auch zahlungsunwillig. Leider sind die Zahlungen durch den Bürgen trotzdem fällig. Ist der Bürge zahlungsunfähig, steigen auch für ihn die Schulden durch Zinsen und Kosten.

Einmal abgegeben, kann man die Bürgschaftserklärung nicht widerrufen. Also selbst nach einer Scheidung behält die Bürgschaft ihre Gültigkeit. Und das kann überaus bitter werden.

Der Bürge kann zwar die geleisteten Zahlungen vom ursprünglichen Kreditnehmer zurückverlangen, dies ist aber oft nicht möglich, weil eben nichts da ist.

In letzter Zeit hat es mehrere Urteile höchstrichterlicher Rechtsprechung gegeben, und Bürgschafterklärungen wurden für sittenwidrig, also für nichtig erklärt. Dies war insbesondere dann der Fall, wenn die Bank nachweislich ihrer Beratungspflicht nicht ordnungsgemäß nachgekommen ist oder wenn die Bank die Bürgschaftserklärung unter Druck oder in der Wohnung des Bürgen abverlangt hat.

In einigen Fällen wurde die Bürgschaft auch gekippt, weil der Bürge zum Zeitpunkt der Unterschrift so mittellos war, daß die Bank von vornherein hätte wissen müssen, daß die spätere Forderung vom Bürgen nie eingebracht werden kann.

Die meisten Bürgschaftsverträge sind im nachhinein nicht anfechtbar. Dennoch ist es auch hier wichtig, sich fachkundig beraten zu lassen. Vielleicht kann aufgrund neuer Rechtsprechung doch der eine oder andere Vertrag angefochten werden.

Einmal abgegeben, kann man die Bürgschaftserklärung nicht widerrufen

In letzter Zeit hat es mehrere Urteile höchstrichterlicher Rechtsprechung gegeben, und Bürgschafterklärungen wurden für sittenwidrig, also für nichtig erklärt

In einigen Fällen wurde die Bürgschaft auch gekippt, weil der Bürge zum Zeitpunkt der Unterschrift so mittellos war, daß die Bank von vornherein hätte wissen müssen, daß die spätere Forderung vom Bürgen nie eingebracht werden kann

Die neue Insolvenzordnung

Zum 1.1.1999 tritt voraussichtlich die neue Insolvenzordnung in Kraft, die auch für Privatleute eine Art von Konkurs vorsieht. Im Augenblick ist es noch so, daß man seine Schulden 30 Jahre lang abzutragen hat.

Dieses neue Gesetz beinhaltet folgendes: Nach einem recht komplizierten Verfahren, das letztlich rund zehn Jahre läuft, kann der Schuldner eine Restschuldbefreiung erhalten. Während einer siebenjährigen Wohlverhaltensperiode zahlt der Schuldner jeweils den pfändbaren Betrag auf ein Treuhänderkonto, von dem dann die Gläubiger anteilig befriedigt werden.

Doch dieses Gesetz erfordert einen großen rechtlichen Aufwand. Ferner ist dieses Verfahren in Teilen von der Zustimmung der Gläubiger und später auch von einem zu bezahlenden Treuhänder abhängig. Wer sich letzteren nicht leisten kann, fällt gar nicht erst unter das Verfahren.

Einige Fachleute schätzen im Augenblick, daß nur rund 20 Prozent der momentan Betroffenen Chancen hätten, in den Genuß dieses Verfahrens und der damit verbundenen Restschuldbefreiung zu kommen. So kann man nur hoffen, daß der Gesetzgeber noch rechtzeitig nachbessert.

Nach einem recht komplizierten Verfahren, das letztlich rund zehn Jahre läuft, kann der Schuldner eine Restschuldbefreiung erhalten

Adressenverzeichnis

Presse- und Informationsamt der Bundesregierung, Welckerstr. 11, 53113 Bonn. Kostenlos bestellt werden kann die Broschüre »Wie werde ich meine Schulden los«, die eine Liste vieler Schuldnerberatungsstellen in ganz Deutschland beinhaltet.

Bundesarbeitsgemeinschaft der Freien Wohlfahrtspflege e.V., Franz-Lohe-Str. 17, 53129 Bonn. Möglichkeit der Anfrage nach regionalen Adressen.

Arbeitsgemeinschaft der Verbraucher-Verbände e.V., Heilsbachstr. 20, 53123 Bonn (Zusammenschluß der Verbraucherverbände und Verbraucherzentralen).

Die Adresse über die nächste Schuldnerberatungsstelle kann vor Ort beim Sozialamt, bei der Kommune oder der regionalen Verbraucherzentrale angefordert werden.

In fast jedem Bundesland gibt es inzwischen eine Landesarbeitsgemeinschaft für Schuldnerberatung, deren Adresse ebenfalls über regionale Verbraucherzentralen herauszubekommen ist.

Literaturliste

App, Michael: Die Insolvenzordnung. Bonn 1995.

Berner, Wolfgang: Schuldnerhilfe. Handbuch für die soziale Arbeit. Neuwied/Kriftel/Berlin 1992.

Deutscher Gewerkschaftsbund Bundesvorstand/Bundesarbeitsgemeinschaft Schuldnerberatung (Hrsg.): Wege aus dem Schulden-Dschungel. Anleitung zur Selbsthilfe. Köln 1994.

Frauen informieren Frauen, FiF e.V. (Hrsg.): Schulden. Informationsbroschüre für Frauen. Kassel 1993.

Groth, Ulf; Schulz, Rolf; Schulz-Rackoll, Rolf: Handbuch Schuldnerberatung. Neue Praxis der Wirtschaftssozialarbeit. Frankfurt 1994.

Huster, Ernst Ulrich: Reichtum in Deutschland. Frankfurt/New York 1993.

Keich, Roland; Maretzke, Anne-Heike; Niedermeyer, Christina: Der Traum von den eigenen vier Wänden. Neuwied/Kriftel/Berlin [3]1994.

Mewing, Joachim: Mahnen, klagen, vollstrecken. München 1991.

Münder, Johannes; Höfker, Guntram; Kuntz, Roger; Westerath, Jürgen: Schuldnerberatung in der sozialen Arbeit. Münster [3]1994.

Reifner, Udo: Alternatives Wirtschaftsrecht am Beispiel der Verbraucherverschuldung. Neuwied/Darmstadt 1979.

Verbraucher-Zentrale Nordrhein-Westfalen e.V./Gewerkschaft Handel, Banken und Versicherungen (Hrsg.): Hilfe für verschuldete Arbeitnehmer. Düsseldorf 1992.

Verzeichnis der Grafiken und Tabellen

Entwicklung des Konsumentenkredits	26
Konditionsgestaltung bei Ratenkrediten	31
Siegeszug des Plastikgeldes	32
ec-Karten auf dem Vormarsch	33
Schuldenursachen	45
Ratenbelastung durch Schulden	47
Übersichtsblatt aller Forderungen	77
Monatlicher Haushaltsplan (Finanzplan)	82

Register

Abtretungserklärung 104
Abzahlungsbasare 28
Allfinanzlösung 49
Anschaffungsdarlehen 62
Ausgaben 81
– feste Kosten 81
– variable Kosten 81
Automobilbanken 35

Bausparvertrag, zwischenfinanzierter 14
Bauträgergesellschaft 14
Beleihungsgrenze 39
Bereitstellungszinsen 40
Bezüge 104
– bedingt pfändbare 104
– unpfändbare 104
Bundesarbeitsgemeinschaft Schuldnerberatung 38
Bundesaufsichtsamt für das Kreditwesen 55, 69, 72
Bundessozialhilfegesetz 85
Bürgschaft 64, 66ff, 109f
– selbstschuldnerische 109f

»Cross selling« 49

Disagio 40
Dispokredit 11f, 29
Doppelpfändung 91
Drittschuldner 103f
Drittwiderspruchsklage 107

Eidesstattliche Versicherung 17ff, 22, 91, 101ff
Eigenheim-Finanzierung 14
Einnahmen und Ausgaben 80
Erlaß 95f
ERP-Kredit (European Recovery Program) 54, 68f
Existenzgründungsdarlehen 15, 67

Festschreibung 93
Finanzplan, monatlicher 82f
Forderungspfändung 103

Gehaltspfändung 20, 22
Gerichtsvollzieher 21, 46, 70, 100f
Girokonto 29, 32, 37f, 44
Gläubigerarten 88
– öffentlich-rechtliche 88f
– private 88f
Gläubigerrangfolge 84–88
Grundschuld 22, 39, 57, 68
Grunderwerbssteuer 40

Haushalte, durchschnittliche Überschuldung 47
Haushaltsplan 81ff
Hypothekendarlehen 39

Immobilien 25, 39f
Inkassobüro 46f, 91f
Insolvenzordnung 17, 49, 111

Jahreszins 12

Kleinkredit 27
Konsumfinanzierung 25, 26, 28, 49
Kredit-Marketing 42
Kreditgewerbe 27–30
Kreditkarte 32ff
Kreditsumme 59
Kreditvergabepolitik 27
Kreditvermittler 36
Kreditvertrag 12
– Verzugszinssatz für 38
Kreditvolumen aller deutschen Haushalte 25
Kreditwürdigkeitsprüfung 42

Leasing 35f, 38
Leistungskredit 73
Lohnpfändung 47, 107

Mahnbescheid 46, 97
– Widerspruchsfrist 97
Mahnverfahren 96–107
Materialkredit 73

Nachrangige Schulden 86
Notarkosten 40

Offenbarungseid s. Eidesstattliche
    Versicherung

Personalkredit 52
Pfandhäuser 37
Pfändung 23, 69, 105
Pfändungsbeschluß 104, 107
Pfändungsfreigrenze 85, 90
Pfändungsmaßnahmen 84
Pfändungsprotokoll 101
Pfändungsüberweisungsbeschluß 15
Pfändungsvermerk in der Personalakte 23
Primärschulden 84

Rahmenkredit 30, 32
Rahmenvereinbarung 95
Ratenbelastung durch Schulden 47
Ratenkredit 12, 30f, 31, 45
Ratenzahlung 70, 90, 94
Realkredit 39
Rechtsberatungsgesetz 78
Restschuldbefreiung 111
Restschuldversicherung 31

Sachpfändung 100
SCHUFA (Schutzgemeinschaft für allgemeine
    Kreditsicherung) 43, 87
Schuldenbelastung 47
Schuldeneintreiber, private 21
Schuldenerlaßgesetz 53
Schuldenregulierung 92–96
Schuldenrückzahlung 19
Schuldenursachen 45

Schuldnerberatung 12f, 16, 18, 45, 48, 61,
    70, 76, 78ff, 86
Schuldnerverzeichnis, örtliches 102
Scoring-System 42
Sekundärschulden 84, 86
Sozialhilferechtlicher Bedarf 105
Sozialleistungen, Pfändung von 107f.

Teilerlaß 95
Teilzahlungsbank 29
Tilgungsperspektive 48
Tilgungsstreckungsdarlehen 14
Titelarten 90, 98f

Überhöhte Forderungen 92
Überschuldung 9, 44f, 79
Überweisungsbeschluß 16
Überziehungskredit 29, 68
Umschuldung 44, 59, 70, 94
Unterhaltspfändungen 107
Unterhaltsschulden 85f

Verbraucherkreditgesetz 38, 49
Vergleich 94
Verjährung 92
Verschuldung 35
Vertragsrecht 76
Verzugszinsen 47
Vollstreckungsarten 99
Vollstreckungsbescheid 46, 97
– Einspruchsfrist 98
Vollstreckungshoheit 89

Zinsbindung 39
Zinserlaß 93
Zinseszinsverbot 32
Zinsreduzierung 93
Zinstilgungsfreistellung 16
Zivilprozeßordnung 104
Zwangsversteigerung 52
Zwangsvollstreckung 52f, 98f

Weitere vgs-Bücher

Bis zu fünf Millionen Menschen verfolgen Tag für Tag, wie Hans Meiser auf seine einfühlsame, verständnisvolle Art mit seinen zumeist nicht medienerfahrenen Gästen Probleme diskutiert, die diesen – und vielen Zuschauern – unter den Nägeln brennen. Sexuelle Obsessionen und Perversionen, unerfüllte Kinderwünsche, Spiel- oder Kaufsucht, sexuelle Belästigung am Arbeitsplatz, Mobbing – kein Thema ist Meiser und seinem sorgfältig recherchierenden Team zu heikel.

Das Medium Fernsehen jedoch ist flüchtig, vieles kann nur angerissen werden, vieles gerät schnell wieder in Vergessenheit. Hier schafft die Reihe HANS MEISER – ERLEBNISSE, ERFAHRUNGEN, ENTSCHEIDUNGEN Abhilfe: Die interessantesten Themen und brennendsten Probleme aus den Talkshows werden in thematisch gebündelten Ratgebern vertiefend behandelt.

Der Herausgeber und die Autoren legen dabei ihr besonderes Augenmerk auf den »helfenden« Charakter der Bücher. Und so wird jeder einzelne Titel sich durch folgende Merkmale auszeichnen:
- ausgewiesene Fachleute analysieren und kommentieren Fallbeispiele aus den Sendungen;
- ein ausführlicher Anhang gibt Betroffenen Anschriften von Institutionen, die ihnen helfen können;
- Tips medizinischer, juristischer oder psychologischer Art begleiten und ergänzen die Erfahrungsberichte von Talk-Gästen und Briefschreibern.

Brosch., 120 Seiten,
DM 24,80
ISBN 3-8025-1293-6
Weitere Titel in Vorbereitung!

Der erste Freund meiner Tochter, *das ist ein schwieriges Thema. Klar bin ich ein eifersüchtiger Vater, und das ist, glaube ich, ganz normal. Werde ich im Bekanntenkreis darauf angesprochen, habe ich die Standardgeschichte parat vom Kleinkalibergewehr, mit dem ich die Kerle unseren Hausberg hinunterjagen würde, die es wagen ... Tatsächlich schreckt heute auch ein wildgewordener Vater keinen verliebten jungen Mann mehr. Die Eifersucht ist mein Problem. Ich schiebe es gern vor mir her, aber irgendwann muß ich den Tatsachen ins Auge blicken. Vermutlich morgens am Frühstückstisch.*

Hans Meiser

Weitere vgs-Bücher

Neue Aromatherapie

Ganzheitliche Heilmethoden finden heute immer mehr Anklang gegenüber den oft sehr einseitigen Methoden der klassischen Schulmedizin. Eine dieser sanfteren und umfassenderen Therapieformen ist die Aromatherapie.

In diesem Buch werden erstmals die einzelnen Bestandteile aller wichtigen ätherischen Öle aufgeführt und ihre jeweiligen Wirkungen auf den menschlichen Körper beschrieben. Dadurch werden Heilprozesse nachvollziehbar, Öle können gezielt angewendet werden. Anschaulich und übersichtlich erfährt der Leser außerdem alles Wesentliche über Anwendung, Qualitätsmerkmale und Auswahlkriterien ätherischer Öle. In den zahlreichen, von praktizierenden Ärzten erprobten Rezepten finden Sie die richtigen Mittel und angemessenen Behandlungsweisen z.B. für Brandwunden, Kopfschmerzen, Magen-Darm-Probleme oder eine schmerzhafte Blasenentzündung.

*